中國歷史

彩图易读版

汉家天下

给孩子读的中国历史

宋诒瑞 著

Chinese

History

for

Children

北京理工大学出版社

BEIJING INSTITUTE OF TECHNOLOGY PRESS

图书在版编目（CIP）数据

给孩子读的中国历史.汉家天下 / 宋诒瑞著. —北京：北京理工大学出版社, 2019.4

ISBN 978-7-5682-6585-0

Ⅰ.①给… Ⅱ.①宋… Ⅲ.①中国历史－汉代－儿童读物 Ⅳ.①K209

中国版本图书馆CIP数据核字（2019）第036353号

本书由新雅文化事业有限公司正式授权，经由凯琳国际文化代理，由北京理工大学出版社有限责任公司出版中文简体字版本，限于在中国大陆地区发行销售。非经书面同意，不得以任何形式任意重制、转载。

著作权合同登记号 图字：01-2018-6443

出版发行 / 北京理工大学出版社有限责任公司

社　　　址 / 北京市海淀区中关村南大街 5 号

邮　　　编 / 100081

电　　　话 / （010）68914775（总编室）

　　　　　　（010）82562903（教材售后服务热线）

　　　　　　（010）68948351（其他图书服务热线）

网　　　址 / http://www.bitpress.com.cn

经　　　销 / 全国各地新华书店

印　　　刷 / 三河市宏图印务有限公司

开　　　本 / 889 毫米 × 1194 毫米　　1/32

印　　　张 / 6　　　　　　　　　　　　　　　　责任编辑 / 申玉琴

字　　　数 / 88千字　　　　　　　　　　　　　　文案编辑 / 申玉琴

版　　　次 / 2019 年 4 月第 1 版　2019 年 4 月第 1 次印刷　　责任校对 / 周瑞红

定　　　价 / 33.00元　　　　　　　　　　　　　责任印制 / 施胜娟

目录

导读

　　秦王朝的横征暴敛激起人民的反抗，导致秦的灭亡。项羽和刘邦为了争夺天下，进行了长达五年的楚汉战争。最后，刘邦建立了汉朝，成为中国历史上第一个平民皇帝。其后，西汉政权一度被外戚王莽篡夺。后来刘氏宗室重建汉朝，是为东汉。

　　两汉时期是中国封建社会的第一个繁荣时期。中央集权的封建官僚制度更加完备，疆域扩大了；农业、手工业和商业繁荣；文化方面，独专儒术，佛教文化传入，《史记》和《汉书》相继成书，天文、历法、造

纸、数学、医学等都居当时世界的前列。汉朝亦通过战争与和亲，初步实现了以汉族为中心的各民族友好往来，并开辟了"丝绸之路"，加强了中西之间的经济文化交流。

　　《给孩子读的中国历史》系列丛书，采用简明有趣的讲故事手法，每本除精彩的故事和精美的彩色插图外，还辟有"思考角"和"知多一点"两大板块的内容，跟小读者分享对中国历史故事的看法和观点，并且延伸相关知识、介绍一些典故的出处等。希望小读者能以自己独特的视角体味中国历史。

1

　　你听说过"星星之火，可以燎原"这句话吗？别小看一点星火，它可以燃烧成燎原大火呢！陈胜、吴广的大泽乡起义虽然只持续了六个月，但由他们点燃的反秦烈火却在全国各地熊熊燃烧起来，最终摧毁了秦家王朝。在这支反秦大军中，起义最早、表现最出色的，要数项家叔侄俩——项梁和他年轻的侄子项羽。

　　项羽是楚国贵族的后代，因为父母早亡，他就投靠叔父项梁。项梁是楚国名将项燕的儿子，一直想恢复楚国，为父复仇。项羽从小很聪明，读书、武术、兵法，他都一学就会；他身材魁梧，力气很大，一只手就能举起一个两三人才抬得动的大鼎；他的胆量大，志气也不小，一次秦始皇巡视的车队经过他们的住地，项羽夹在人群里观看，他指着秦始皇的车大声说："这有什么了不起，我也可以取代他呀！"

当时，苛捐杂税和沉重劳役，压得老百姓苦不堪言。据说，全国共有一千万人，就有二百五十万人要去服劳役，所以各地都有百姓起兵反对秦朝。公元前209年，陈胜、吴广在大泽乡起义后，项梁看到为楚国报仇的机会已到，便和项羽一起杀了会稽的郡守，占领了会稽，召集起八千名年轻人，称为子弟兵，起兵反秦。

这时，传来消息说陈胜被秦将章邯打败。项梁就带着八千子弟兵渡过长江北进，乘虚攻打章邯的后方，进展顺利；他们又渡过淮河，继续进军。一路上各地一些零散的反秦队伍都来投靠项梁，不久队伍就发展到

小知识

鼎：古代炊器，多用青铜制成，一般三足两耳。

会稽：今江苏省苏州市。

六七万人。

前来投靠项梁的队伍中，有一支百来人的队伍是由刘邦带领的，关于刘邦的故事我们下节再详细讲。

正当项梁的队伍在胜利进军时，却传来了陈胜、吴广相继被杀害的消息。这样，各地起义军的领导权就落在旧六国贵族手里，他们彼此争夺地盘，闹得四分五裂。秦将章邯和李由就想趁机把起义军一一击破。

在这紧急关头，项梁召开了起义军首领会议，决心整顿起义军，并推举首领。

这时，有个叫范增的七十来岁的老人赶来献计。他说："当年楚怀王被骗去秦国，一去不返，死在秦国，楚国人至今怀念他。如果我们拥立楚怀王的后代为王，就有号召力，一定能吸引更多人起来抗秦。"

项梁觉得他说得很有道理，便到处寻访楚怀王的后代，结果在民间找到了正在替人放羊的怀王的孙子熊心，便立他为楚怀王。果然，又有很多人赶来参加项梁的起义队伍。

项梁整顿起义军后，接连打了几个胜仗，打败了秦将章邯。项羽和刘邦率领另一支队伍也大破秦军，杀了秦将李由。章邯见形势危急，请秦朝增派援军。正在这时，项梁被胜利冲昏了头脑，骄傲起来，认为秦军没什么了不起，放松了警惕，结果在章邯的猛烈反攻下吃了败仗，项梁自己也战死了。项羽和刘邦只能退了下来，采取守势。

　　章邯见楚军元气大伤，就暂时撇下他们，转头渡黄河去攻打赵国。赵王逃到巨鹿，被秦军围困，向楚怀王求救。

　　此时，楚怀王正考虑要派人向西进攻秦都咸阳，项羽急于要为叔父报仇，要求带兵去攻。但是一些老臣子对怀王说："项羽脾气太暴躁，杀人很多；刘邦倒是个忠厚人，不如派他去。"正好赵国来讨救兵，怀王就派宋义为上将军，带着次将项羽、末将范增北上救赵，牵制秦军主力；同时又命令刘邦率兵西进，直攻咸阳。怀

小知识

赵国：这个赵国不是战国时代的赵国，而是赵歇新建立的政权，他自称赵王，都城是邯郸。

巨鹿：今河北平乡西南。

王当众宣布：谁先灭秦，谁就做关中王。

宋义带军到了安阳后，听说秦军声势浩大，就驻扎下来不再行进，希望等秦军在攻赵中消耗些兵力，再作打算。因此，宋义不但按兵不动，还连日大摆宴席饮酒作乐。项羽屡次去请战，认为现在去攻秦军，与赵军内外夹攻可以取胜，但宋义却回答道："在战场上冲锋陷阵，我及不上你；但出谋划策，你却比不上我呀！"他又下了一道命令："将士中有谁不服从命令的，一律按军法砍头！"这很明显是在警告项羽。

性子火暴的项羽实在忍受不了，一天早上，他冲进宋义住的营帐，拔剑砍死了宋义，提着他的头对将士宣布："宋义背叛大王，我奉怀王密令把他处死了。"

将士们大多是项梁的老部下，早就不满宋义的所作所为，所以都表示愿意服从项羽的指挥。项羽先派先锋队渡过漳河，去切断秦军的运粮路线，然后他率领主力部队渡河去解救巨鹿之围。

楚军全部渡过漳河之后，项羽命令每个士兵带好三天的干粮，叫大家把渡河的船全部凿沉，把煮饭用的釜全都砸破，又烧了军营，以表示有进无退，三天以内，誓死夺取胜利的信心和决心。

"破釜沉舟"的做法果然使楚军士气大振，经过九次激烈的战斗，秦军大败，秦将王离被活捉，章邯投降，巨鹿解围。这一仗，楚军击溃了秦军的主力，扭转了整个抗秦战争的局势。

各地赶来救赵的十几路人马，因害怕秦军强大，都只是扎下营寨不敢与秦军交锋，此次见项羽军大胜，十分钦佩。二十七岁的项羽被拜为上将军，从此项羽成了各路反秦军的首领。

小知识

釜：古代炊具，通常是小口圆底，有的有两耳，有铁制的，也有铜和陶制的。但军队用的釜容量大得多，釜口也大。

2

刘邦进咸阳城

项羽北上救赵的同时，刘邦被派去西攻咸阳。这个普通农民出身的起义军将领攻入咸阳，一举灭了秦，从此成了历史上声名赫赫的人物。真所谓"时势造英雄"啊！

刘邦是沛县丰乡人，在秦朝统治下做过亭长。有一次，他在咸阳见到秦始皇出巡时仪仗的威风，曾羡慕地叹道："男子汉大丈夫就应该这样做人，多威风啊！"

刘邦虽然出身农家，但他一直不安心屈在家乡像父亲和两个哥哥一样种田，所以跑出来闯天下。他为人豪爽，讲义气，所以身边朋友很多，其中萧何、曹参等人，日后对他的事业有很大的帮助。

一次，刘邦负责押送一批民夫到骊山去。一路上，民夫不断开小差逃走，刘邦估计这样下去，到了骊山他也交不了差。于是一天晚上，他让民夫们吃饱了饭，喝足了酒，对他们说："你们到骊山去做苦工，不是累死也会被打死，现在我把你们放了，你们自找活路吧！反正我也回不去了，各自逃命吧！"

民夫们见他这么仗义，都很感激，当即有十几人愿意跟他一起去逃亡，一路上他们聚集了百来人。

他的好朋友萧何和曹参分别在沛县当文书和监狱官，陈胜吴广起义的消息传来后，他俩派人把刘邦找了回来一起商量抗秦的事。陈胜攻下陈县后，刘邦他们杀了沛县县令，起兵反秦。刘邦被推举为首领，被称为

小知识

丰乡：今江苏省丰县。

亭长：秦朝的官名，亭是县下面最小的行政单位，秦朝规定十里是一亭，亭长是管理十里以内的小官。

民夫：旧时称被官府、军队从民间征用去从事劳役的人。

沛公。

　　没几天工夫，刘邦手下就已有了两三千人，他便攻占了自己的家乡丰乡。但当他带着起义军去攻打其他县城时，留在丰乡的部下叛变，刘邦深感自己的兵力不足，想到别处去借兵。正好这时张良也带着一百多人想投奔起义军，他们两人一商量，决定去投奔势力最大的项梁。

　　项梁很欣赏刘邦这个人才，就拨给他人马，帮他收回丰乡。从此，刘邦和张良都成了项梁的部下，和项羽并肩作战。

　　项梁被秦将章邯打败牺牲后，楚怀王命令项羽北上救赵，派刘邦向西攻打咸阳。

　　刘邦率军西征，一路上势如破竹。在高阳一地，有个读书人叫郦食其的前来求见。刘邦一向不喜欢读书人，回绝了他。郦食其很生气，派人去告诉刘邦说："老子是高阳酒徒，不是儒生。"于是刘邦请他入内相见。

　　郦食其进去时，刘邦并没有起身迎接。郦食其向他作了个揖，劈头就问："你究竟要不要推翻秦朝，夺取天下？为什么你轻视长者？"

刘邦赶快站起来赔礼让坐。郦食其见刘邦能接受意见改正，就向他贡献了一条妙计——首先去攻陈留一地，以取得军粮。刘邦照他所说的去做，果然夺得许多粮食，解决了军粮不足的问题。

刘邦的军队继续向西南挺进，包围了南阳郡，郡守急得要自杀。刘邦采纳别人的意见，劝诱南阳郡守投降，并封他做了殷侯。这件事影响很大，其后起义军所到之地，秦军望风披靡，纷纷投降，刘邦军队顺利推进。

公元前207年10月，刘邦打到咸阳附近的灞上，当时，秦二世已自杀了，他的侄子子婴继位才四十六天，子婴看见大势已去，在脖子上套根带子表示有罪，

小知识

揖：拱手行礼。作揖，是古代人相见时的一种礼节。
灞上：今陕西省西安市东。

带着代表国家政权的玉玺、兵符和节杖，乘了素车白马，亲自到灞上向刘邦投降。刘邦手下的将军主张杀了他，但刘邦说："当初楚怀王派我攻咸阳，就是相信我能宽厚待人。何况他已投降了，不能杀他。"刘邦收了玉玺等物，派人看管子婴，自己率军进入咸阳城，维持了十五年的秦朝终于灭亡了。史学家一般以这个时间作为"汉元年"开始。

刘邦的军队进了咸阳，将士们纷纷去皇宫的仓库抢夺金银财宝，只有萧何先到丞相府去，把有关户籍、地图、档案等公文收藏好。刘邦进到阿房宫，被它的豪华气势迷住了，简直不想离开。他的部将樊哙提醒他："沛公要打天下，还是要当富翁？就是这些奢华的东西使秦朝亡了，您还要它们做什么？赶快回军营吧！"张

小知识

节杖：古代使者出使时所持的凭证，是权力的象征，这里是代表国君权力的竹杖或木杖。

户籍：地方民政部门以户为单位，登记本地区内居民的册子，也指本地区居民的身份。

良也劝他道："你来了这里光顾享受，就不会有明天。你能打得过项羽的大军吗？"刘邦一听，如醍醐灌顶，醒悟过来，马上命令封了仓库，禁止抢劫，他自己回到灞上。第二天他与当地父老约定三条法令：杀人者偿命；伤人者办罪；偷盗者抵罪。并废除了秦国的所有苛令。

百姓们听到刘邦的"约法三章"，高兴得不得了，大家烹肉煮酒，拿来慰劳刘邦的将士。刘邦再三辞谢，叫百姓们别破费。老百姓看见刘邦如此宽大仁慈，爱护百姓，心中十分感激，对刘邦留下了极好的印象。

小知识

醍醐灌顶：醍醐是酥酪上凝聚的油，也即从牛奶里提炼出来的精华，在佛教中比喻最高的佛法；灌顶是浇到头上。用以喻作灌输智慧，使人彻底醒悟。

3

鸿门宴

　　话分两头。再说在巨鹿打败了秦军的项羽听说刘邦已攻进咸阳，气得肺都要炸了。他认为自己比刘邦本领强、功劳大，理应先进咸阳当关中王，所以他急急率军直奔函谷关来。

　　那已是公元前206年了，刘邦攻入咸阳后，派军驻守函谷关，因此项羽的军队来到关前被阻，入不了关。项羽气得命将士猛攻函谷关。刘邦的守军少，不一会儿就被攻破。

项羽的大军进关后一直向前挺进，很快打到新丰鸿门驻扎下来，离刘邦所在的灞上仅四十里地。

　　在进军路上，项羽曾干下一件残暴的事：大军在新安附近时，军内投降过来的秦兵纷纷议论说，他们的家都在关中，假如打进关去，受难的是家人；要是打不进去，自己会被楚军带到东边去，关内的家人也会被秦军杀光。项羽听到部下报告了这事后，担心日后管不住这些降兵，进关后他们可能会作乱，就此起了杀心。除了章邯和另外两名降将以外，项羽把二十万秦军投降将士缴了械，统统活埋在一个大坑内。从这以后，项羽的残暴就出了名。

　　项羽和刘邦分别驻扎在鸿门和灞上，项羽有四十万大军，刘邦手下只有十万人，项羽若要消灭刘邦是很容易的。当时刘邦手下有个将领曹无伤，想投靠项羽，就派人到项羽那儿去告密，说刘邦进咸阳是想自称关中王。项羽的谋士范增也对项羽说："刘邦此次进城后不贪图财宝和美女，看来他的野心不小，恐怕要和您争天下，不如趁早下手除了他。"

　　项羽就决定派兵去攻打灞上，消灭刘邦。

这事被项羽的另一个叔父项伯听到了，项伯是张良的好朋友，张良曾救过他的命。项伯恐怕战事一起会连累到张良，就连夜骑马到灞上去找张良，劝他逃走。

张良说："我是沛公的臣属，不能在患难的时候离开他。"他便去把这事告诉了刘邦。刘邦估计自己打不过项羽，便请张良引见项伯。刘邦像对待兄长那样敬待项伯，再三辩白自己没有反对项羽，也没有自己称王的心思，他说："我入关后造报户籍、登记财物、封闭仓库，等待项将军的到来。我派兵守函谷关也是为了防止出意外，我怎会有反对项将军的意思呢？请您向项将军讲清楚吧，我是不敢忘恩负义的。"

项伯答应替他在项羽前说好话，并且叮嘱他亲自去向项羽赔礼。刘邦还当场把女儿许配给项伯的儿子，两人结成亲家。

项伯回到军中后把刘邦的话告诉了项羽，并说：

小知识

鸿门：今陕西省临潼东面。

鸿门宴　25

"要不是刘邦先破了关中，你也不会这么容易进关。你不能去攻打一个建了功的人，还是善待他才好。"项羽听了，觉得很有道理，便同意约见刘邦。但军师范增却认为刘邦是个能人，留着始终是个祸患。

　　第二天一早，刘邦带了张良、樊哙和百来个随从来到鸿门拜见项羽。刘邦说："我和将军同心协力攻打秦军，您在北线，我在南线，我自己也想不到能先入咸阳。现在有小人从中挑拨离间我们，实在太不幸了。"

　　项羽是个无心计的人，见刘邦低声下气地说话，心头的怒火早就烟消云散了。他脱口而出："这都是你

那里的曹无伤派人来说的，要不我怎会生你的气呢！"

　　项羽设宴款待刘邦，表示和好。项羽和项伯坐主位，范增作陪，刘邦坐客位，张良作陪。项羽频频举杯劝刘邦喝酒，态度很友善。

　　范增在一旁一再给项羽使眼色，并且三次举

起自己身上佩戴的玉玦作暗示，要项羽尽快下决心杀掉刘邦。但项羽只当看不见，没有反应。

范增见项羽不忍心下手，便找了个借口走出营门，找到项羽的堂兄弟项庄说："项王心肠太软，你进去给他们敬酒，舞剑助兴，找个机会把刘邦杀了！"

项庄就进去敬了酒，然后说："我给大家舞剑，凑凑热闹吧！"说完就拔出宝剑舞了起来，舞着舞着，慢慢移近刘邦，他那把寒光闪闪的剑直逼刘邦，吓得刘邦直冒冷汗。

项伯看出项庄不怀好意，生怕自己的亲家吃亏，便也拔出宝剑说："我们对舞吧。"他站在刘邦面前也舞起剑来，用自己的身体护住刘邦，使项庄下不了手。

张良见形势危急，便找个机会溜出去对樊哙说："形势不妙，项庄舞剑，意在沛公，看来他们要对沛公下毒手了。"

樊哙一听急了，手持盾牌和宝剑冲进营帐。项羽见他那气势汹汹的样子，按剑喝问："这是什么人？进来干什么？"

随着进来的张良连忙回答："这是沛公的车夫樊

哈，在外面等久了，肚子饿了。"

项羽见樊哙长得虎头虎脑的，赞了一句："好一个壮士！"命令手下赐酒和猪腿给他。樊哙边吃边说："昔日秦始皇凶暴如虎狼，所以天下人都起来反他。怀王曾与诸将约定谁先进入咸阳便为王。现在沛公进了咸阳，未动一草一木，驻在灞上等将军来。他如此劳苦功高未得赏赐，反而有人想加害于他，真是没天理呀！"项羽无言以对，赐他坐下。

过了一会儿，刘邦借口上厕所走了出来，张良和樊哙也跟出来，他们催刘邦赶快离开。于是刘邦留下白璧一双给项羽，玉斗一对给范增，带着樊哙抄小路回灞上了。过了好久，张良才带着礼物去代刘邦向项羽辞别。范增气得把玉斗摔在地上，用剑击得粉碎，叹道："将来夺天下的一定是刘邦，我们都等着做俘虏吧！"

小知识

玉玦：玦，音同"决"。古时佩戴的玉器，半环形，有缺口，这里范增是要项羽下令处决刘邦。

项庄舞剑，意在沛公：这句话后来成了一句成语。比喻某人说话或行动表面上虽另有名目，实则暗地里想乘机害人。

公元前 206 年，项羽有四十万人马，刘邦只有十万。强弱对比很明显，但是最终刘邦还是打败了项羽。有人说鸿门宴是个转折点，为什么呢？

司马迁在《史记》中对鸿门宴上项羽和刘邦的描写非常生动，两人的不同性格决定了他们的命运和历史事件的发展。

项羽有勇无谋、骄傲自大，但又重视情义、豪迈粗放、优柔寡断。他打败了秦军主力，拥有大军，不把刘邦看作能与自己对抗的强敌，所以在刘邦甘愿前来赴鸿门宴并谦卑地表示没有反对他的意思时，他的虚荣心得到了满足，虽然范增一再暗示他动手杀掉刘邦，但他不忍心，还说出了告密者曹无伤的姓名。项庄和项伯的相对舞剑，目的都很明显，但项羽毫不阻止。樊哙如此鲁莽地闯入，而且出言不逊，项羽没有加罪，反而赞他是壮士，赐他酒肉。另一边，能屈能伸、善于应变的刘邦巧妙利用了项羽的弱点，迎合他的自大心理，才得以化险为夷，死里逃生。对项羽来说，这正是"放虎归山"，刘邦表面忍辱负重，退居汉中，实则积蓄力量，终于在垓下大败楚军，夺得天下。所以人们说，鸿门宴是项羽和刘邦五年斗争的开端，却也预示了斗争的结局，项羽的性格决定了他的失败，是一位"悲剧英雄"。

4

项羽 西楚霸王

发生在鸿门的一场剑拔弩张的宴会，终于化险为夷，刘邦顺利返回灞上，回去后马上把告密者曹无伤杀了。鸿门宴后，项羽和刘邦之间的紧张关系暂时缓和了下来。

不久，项羽率领部队进入咸阳，但是，他的所作所为与刘邦截然不同。

首先，他杀了早就向刘邦投降了的秦王子婴和秦国贵族、官吏等八百多人，这一下使他在秦地大失民心。

其次，他掳掠了阿房宫里的金银财宝和无数美女之后，并下令把阿房宫烧掉。随项羽进关的五十多万兵士中，哪一个没受过秦朝苛重的劳役之苦？他们见到了如此豪华的阿房宫，想起自己及家人所受之罪，心头怒火升起，只等项羽一声令下，大家就放起火来，这场火烧了整整三个月，把偌大的阿房宫烧成一堆瓦砾。

他们还去挖毁骊山墓，抢劫里面的财物。总之，这支部队在咸阳大饱私囊后才离开。项羽的所作所为使秦人大为失望。他们比较项羽和刘邦，觉得项羽野蛮残暴，而刘邦宽厚仁慈，两下一对比，人们宁愿要刘邦来做新王朝的统治者。人心的向背，是日后刘邦取胜、项羽失败的一个重要原因。

项羽取得胜利之后，并没有顺应历史发展的潮流致力于统一全国，而是走老路，退回到秦朝以前的封建割据的旧时代去，他决定重新划分封地，把统一的局面又拆得四分五裂。

当时，名义上的首领仍是楚怀王。项羽为了抓实

小知识

剑拔弩张：剑拔出了，弓张开了，比喻形势紧张，一触即发。

权，把怀王改称为义帝，表面上尊他为皇帝，实际上是让他徒有虚名，一切都得听从自己的主张。

即使是个义帝，项羽也不让他做长久。第二年，项羽又强逼义帝迁都长沙。迁徙途中，项羽竟派人假扮成强盗去追义帝所乘的大船，把他杀死在江中。这样，项羽扫除了他称王的又一个障碍。

义帝一死，项羽认为天下已定，大权在握。因为刘邦的势力当时还远远比不上项羽，所以项羽自认是唯一能够号令天下的人。为了收买人心，他封刘邦为汉王，进驻巴蜀、汉中一带；封秦朝的降将章邯为雍王、董翳为翟王、司马欣为塞王，让他们三人留在关中地区，挡住刘邦，不让刘邦有向东发展的机会。他又分封了其他的有功将领和六国贵族，共封了十八人为王。

项羽自己占地九郡，建都彭城，自称"西楚霸王"。春秋时期不是把诸侯的首领称为霸主吗？项羽自称霸王，好证明自己凌驾于十八个王之上。

当时的民意是渴望统一，反对分裂。项羽的分封是一种倒行逆施的行为，也是他后来彻底失败的根本原因。

小知识

义帝：在此"义"的意思是"名义上的"，意即为只是名义上的皇帝，无实权。

彭城：今江苏徐州市。

5

火烧栈道

项羽分封的十八个王中，他最不放心的就是刘邦。

所以在一开始时，项羽仅仅分给刘邦汉中的一小块地方。刘邦想，自己在进攻秦国时出力不小，首先攻入咸阳，如今却只得到这么一小块土地，而项羽自己独占九个郡这么一大块疆土，还自称"西楚霸王"，高居诸侯之上，因此感到很不高兴。刘邦手下诸将也为他抱不平，纷纷想去为刘邦说理，群情激昂。

这时，张良劝阻了大家，他说，去找项羽论理是没有用的，希望大家暂时忍一忍。另外，他又建议刘邦赶快准备厚礼去找项伯，请他帮忙。

果然，项伯的调解有了结果，项羽也觉得自己太薄待刘邦了，就把整个汉中及巴蜀地方加封给刘邦。

　　其实项羽这样做也颇花费了一番心思。巴蜀地处西部偏远地区，又有秦朝三名降将的封地关中挡着，等于是有人把着门、挡着路，不让刘邦随便出入。刘邦一进入封地就好比与外界隔绝了，向外发展是很困难的事。

　　刘邦当然很不满意项羽这样的安排，他总想找机会和项羽较量一下。他手下的萧何再三劝阻他，认为现时兵力弱小，时机未到，不要拿鸡蛋去碰石头。张良也一再对刘邦分析形势，指出项羽的弱点和他的长处，劝他不要性急，要设法稳住项羽，暗中积攒力量，等到时机成熟，就出奇制胜，一举打败项羽，夺取天下。

小知识

汉中：秦王朝时所设郡名，以汉江为名，今陕西秦岭以南的地区。
巴蜀：今四川省云南省一带。
关中：指函谷关以西，陕西渭河流域一带。

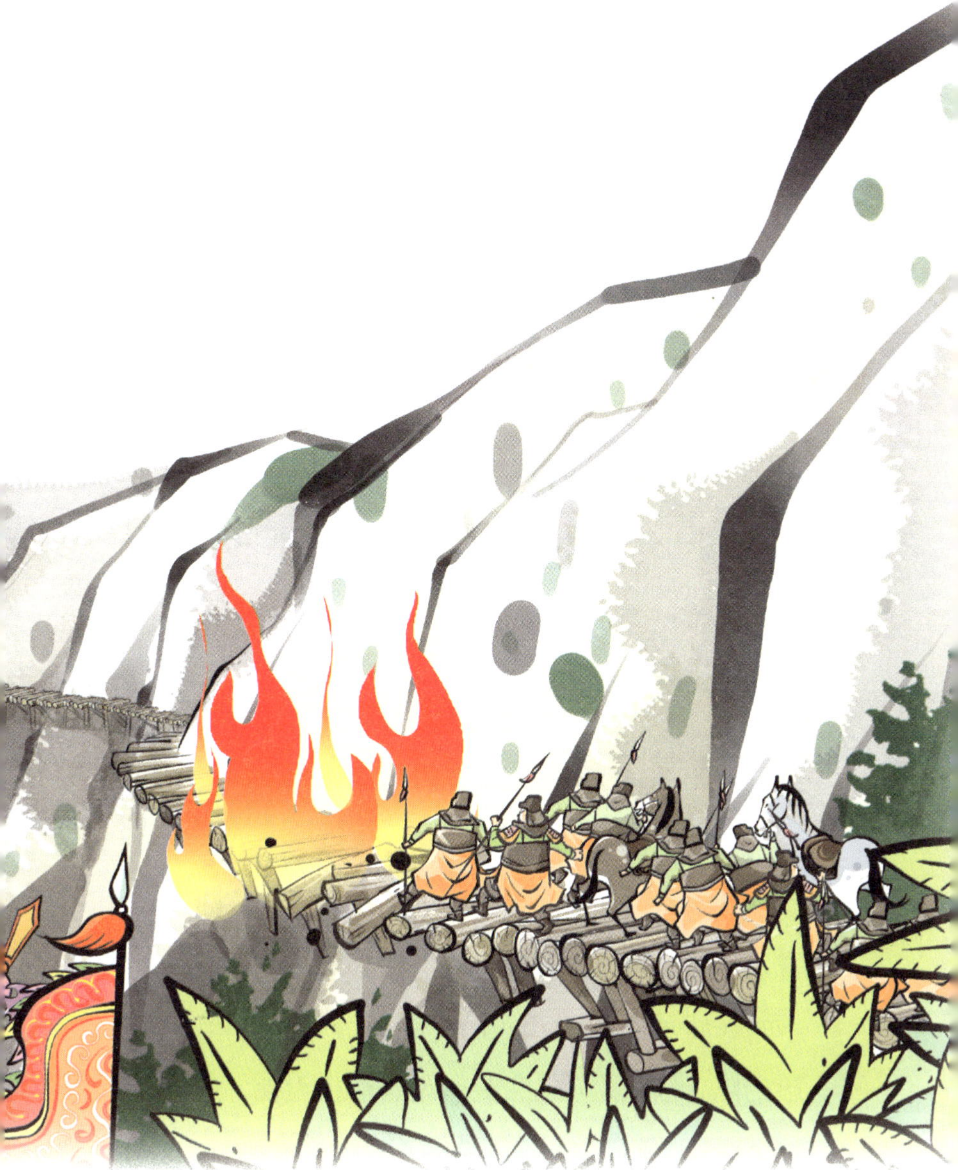

刘邦采纳了两人的意见，统领大军，从关中浩浩荡荡地开往汉中去了。

走到半路时，忽然一个士兵大声叫了起来：

"不好了，栈道被人烧断了！"

众人回头一看，只见刚刚走过的那条唯一的交通要道烈焰熊熊。士兵们都呆了，有几个还大声哭起来。

原来，这是张良的计策。他叫刘邦派人公开烧掉从关中通向汉中的栈道，目的是让项羽以为刘邦将安心留在汉中这个偏僻的地区，不再向东去跟项羽争夺地盘，这是麻痹项羽的计谋。

可是，刘邦手下的士兵们却不理解。他们见到栈道被烧了，以为断了归路，也失去了反攻项羽的机会，都感到十分恐慌。直到后来，韩信发展了张良的思路，采取了"明修栈道，暗度陈仓"的办法，即一边派一些人假装在修复栈道，实际上却带着大批兵马悄悄从路途艰险的陈仓东进，攻占三处秦地，取得大胜。这时才显出这个计策的高明，令众人钦佩不已。

刘邦在封地拜萧何为丞相，曹参、樊哙、周勃等为将军，发展生产，养精蓄锐，准备再和项羽较量一番，争夺天下。

小知识

栈道： 古代在四川、陕西、甘肃、云南等省山区的悬崖峭壁上凿孔支架木桩，上面铺木板而成的窄路，是当时西南地区的交通要道。

暗度陈仓： 陈仓，古县名，在今陕西宝鸡市东。韩信表面修栈道，像要朝南进军，暗地突然回师，偷度陈仓去攻三地。后多用来比喻以假象掩饰秘密的行动。

6

萧何月下追韩信

那还是在刘邦刚进入封地不久的事。当时，从关中来的一些士兵对巴蜀不适应，很想念老家，每天都有人开小差。汉王刘邦心急如焚，寝食不安，却不料又发生了一件令他吃惊的事。

一天，忽然有人来向刘邦报告："丞相逃走了！"

刘邦一听，难过得好比断了自己的左右手一般。别人开小差还可理解，怎么连跟随自己多年的萧何也无情无义地离自己而去，甚至连一句告别的话也没有？刘邦百思不解，急得连饭也吃不下。

谁知到了第三天早上，萧何却回来了。刘邦喜出望外，随即又责问他说："你干什么去了？也想逃走吗？"

萧何说："我怎么会逃走？我是去追逃走的人。"

刘邦问："你去追谁？"

"韩信。"

刘邦满不在乎地说："将士逃走的很多，别人你不追，为什么单单去追韩信这小子？"

萧何严肃地回答："大王您不要小看他。别的将士容易得到，韩信这样的人却找不到第二个。大王若是只想在汉中做王，的确用不着韩信；如果想要争夺天下，韩信这样的人才万万不可少！"

刘邦叹了口气："我当然是想得到天下的，怎能在这里待一辈子呢？"

萧何说："那么大王一定要赶快重用他，不重用他，迟早他还会走！"

刘邦说："就照你说的办，让他做将军。"

萧何说："像韩信这样的人才，做将军太屈才了。"

刘邦说："那拜他为大将好不好？"

萧何高兴地说："太好了，大王英明！"

刘邦就要打发人去叫韩信来，立刻拜他为大将。萧何一听，马上阻止说："大王可不能像平日那样随随便便把人叫来。拜大将是件大事，应该选个好日子，吃三天素，筑坛拜将，这样才能显出大王的诚意。"

这位以前被人看不起，后来又被汉丞相萧何如此郑重推荐的韩信究竟是何许人也？他有些什么过人的本事呢？

韩信是淮阴人，从小失去父亲，家里很穷，常常吃不上饭。母亲年老多病，后来也死了。有一位常在河边洗衣服的老太婆见他有一餐没一餐的可怜样，很是同情他，便常把自己的饭菜分一半给他吃。韩信心中暗暗发誓：将来一旦有所成就，一定要好好报答这位好心的老婆婆。

韩信有一把心爱的宝剑，每次出门都佩在腰上。一次，他挎着宝剑走在街上，被一名恶少拦住取笑了一番，恶少见众人围观，就更加狂妄地向韩信挑衅说："你敢拔出你的剑来杀了我吗？如果不敢，就从我的胯下钻过去！"

韩信不想惹是生非，只好忍气吞声地从那恶少的胯下钻了过去，恶少和众人哈哈大笑，骂他是胆小鬼。从此他就更加被人瞧不起了。

　　项梁起兵后，带着队伍路过淮阴，韩信带着宝剑去投奔他，在营里当了一名小兵。项梁战死后，韩信又跟了项羽，项羽见他强过一般士兵，就让他当了个小军官。

　　韩信曾几次为项羽献计出主意，项羽都没采用。韩信很失望，一气之下，便投奔了刘邦。可是刘邦也没发现他是个人才，只是让他当了个小官。

　　由于得不到重用，韩信心中很不好受，常常借酒浇愁。一次，韩信和几个小官酒后发牢骚，有人向刘邦告了他们一状。刘邦以为他们要造反，抓起来就要砍头。

小知识

坛：古代举行祭祀、誓师、拜将等大典用的台，多用土石等建成。

恶少：品行恶劣、胡作非为的年轻无赖。

胯：腰的两侧和大腿之间的部分。

韩信理直气壮地高喊："汉王不是准备要打天下吗？为什么要砍壮士的头？"刘邦见他胆识过人，说的也在理，便把他放了，还派他做了治粟都尉。

汉王的丞相萧何是个非常爱才的人，只要他发现某个人有才能，无论是文才还是武才，他都会极力向刘邦推荐。萧何曾和韩信谈过，并观察他多时，觉得他不仅有武将之风范，而且智力过人，足以带兵克敌，让他做个小都尉未免大材小用，便几次三番劝刘邦重用他，但刘邦不听。

韩信觉得在刘邦手下没前途，便趁着将士开小差时，也偷偷逃走了。

萧何知道这消息后，急得直跺脚。他来不及向刘邦说一声，立刻骑上马去追韩信。追赶了两天，才在一个月夜追上了他。

韩信匆忙出走，路不熟，又找不到人问路，正在山谷中徘徊。忽听到马蹄声响，借着月光，他看见远处有一人骑马赶来，吓得马上要逃跑。只听那人高声叫他："韩壮士，请停一停！"

韩信听出那是萧何的声音，便停下来等他。萧何追上来后，翻身下马，拉着韩信的手诚恳地说："韩壮士，你不能走！汉王是重视人才的，我对他好好说说，他一定会重用你的。请再等几天！"

韩信见萧何一片至诚，便跟他回来了。

汉营里传出消息，说汉王要择吉日拜大将，几位老将军都很兴奋，以为自己这次一定能当上大将。

到了拜大将的日子，举行了一个十分隆重的仪式。当众人知道汉王拜的大将竟是平日被大家瞧不起的韩信时，个个都目瞪口呆。

仪式完毕后，汉王刘邦与韩信长谈。韩信觉得自己施展才能的时候到了，便向汉王详细分析了当时的形势，并提出具体的策略。韩信认为，当前只有项羽能与汉王争天下，项羽虽勇猛，但不会用人，而且生性残暴，失去了民心。要打败项羽，就必须反其道而行之，要善用能干的人，奖励有功的人，更重要的是争取民

小知识

治粟都尉：管理粮食的官员。

心。韩信指出，目前分封在关中的三个秦朝降将是老百姓痛恨的人，要先解决他们，再向东去对付项羽，一定可以得天下。

汉王听得很高兴，他觉得韩信分析得很中肯，说得都对极了，真是相见恨晚，后悔自己没有早发现这个人才。

于是，韩信天天指挥将士操练，汉军的力量日益强大了起来。

7

楚汉相峙

你一定玩过中国象棋吧？你有没有注意到：象棋棋盘中央，分隔作战双方的那条狭长地带上写着"楚河汉界"四个大字，这是什么意思呢？它的出处还得追溯到两千多年前。

汉王刘邦拜韩信为大将，萧何做丞相，整顿国事，训练兵马，渐渐积聚了力量。公元前206年8月，汉王采用了韩信的计谋，留萧何在后方征收赋税及供应军需，汉王和韩信率领汉军攻打关中，揭开了楚汉相争的序幕。

项羽对刘邦一直不放心，所以将秦朝的降将章邯等三人分封在关中，防守着汉中。张良的"明修栈道、暗度陈仓"计谋奏了效，章邯看见几百个汉兵在修复栈道，嘲笑道："这么长的栈道只派这些人在修，要修到什么时候啊！"

后来，章邯又听说韩信被任命为东征大将军，更是嘲讽道："刘邦竟傻得重用一个从人家胯下钻过的胆小鬼，真是糊涂透顶了！"

所以章邯对刘邦放松了警惕。谁知没过几天，韩信就带军出现在章邯眼皮底下了！

韩信率汉军从巴蜀出发攻打秦军三降将在关中的封地。关中老百姓本来就对"约法三章"的汉王刘邦有好感，汉军来到，大家都不想抵抗；三个秦军降将本来就不齐心，又疏于防范，所以很快就被汉军打得落花流水。不到三个月，汉军消灭了雍王章邯、翟王董翳、塞王司马欣的兵力，并吞了他们的封地，关中成了汉王的地盘。

西楚霸王项羽听到这消息后气得直跺脚。他正打算起兵向西打汉军，但东边也出了事——齐国的旧贵族叛变，轰走了项羽所封的齐王，自立为王，情况严重，因此项羽就先去对付齐国。

汉军趁项羽与齐国相持不下时，向东进军，于公元前205年夏天占领了项羽的都城彭城。

项羽一听都城失陷，连忙率领三万精兵，扔下齐国不管，赶回来救彭城。经过几次激战，项羽打败了刘邦，收复了彭城。刘邦的几十万大军死的死、伤的伤，掉在水里淹死的也不少，还有很多被俘，连汉王的父亲太公和妻子吕后也都做了俘虏。刘邦自己只带着几十名骑兵，逃到荥阳、成皋一带，站住脚跟，收集散兵，重新整顿队伍。

刘邦以攻为守，一方面用少数兵力守住荥阳，拖住项羽的军队；另一方面派韩信向北收服魏、燕和齐国。

项王的谋士范增劝项羽快些攻下荥阳，项羽就开始攻打。刘邦觉得自己力量不足以应战，军队又缺乏粮食，就派人向项羽求和。项羽本想同意，但范增竭力反对，他说："现在是彻底消灭刘邦的最好时机，若是放过了他，以后一定会后悔的。"项羽觉得范增说得对，就派兵围攻荥阳。

刘邦见求和不成，很是着急。他手下的谋士陈平是从项羽那边投奔过来的，向刘邦献了一条反间计，离间项羽和范增的关系。

项羽的使者去汉军军营办交涉时，陈平先叫人摆出酒席准备宴请使者，但是当大家快入席时，陈平突然出现，故意装作惊讶的样子说："我差点弄错了，还以为是亚父派来的使者呢！"说着，叫人撤了酒席，只给使者一些粗茶淡饭，使者回去报告了项羽。项羽是个猜忌心很重的人，怀疑范增私通汉王，心中很不高兴，就剥夺了范增一部分权力。

范增见项羽中了反间计，十分气愤，便决意告老还乡。他对项羽说："如今天下大事已定，我已经老了，

小知识

荥阳：今河南荥阳市。

成皋：今河南省巩义市东。

以攻为守：拿进攻作防御，指用主动进攻的方法作为防止对方来犯的策略。

反间计：原指利用敌人的间谍，使敌人获得虚假的情报，后指用计使敌人内部不团结。

亚父：意为仅次于父亲，是表示尊敬的称呼，项羽尊敬范增，所以称他为亚父。

告老：旧时王朝的大臣、官吏年老后请求辞职，泛指年老退休。

请放我回家养老去，大王您自己好好干吧！"项羽没有挽留他，派了几个士兵护送他回家。范增本来想帮项羽夺天下，现在却落得这样下场，他觉得一番心意全都白费了，很是伤心，在路上得了病，背上又长了个毒疮，不久就去世了。

范增一死，项羽就少了个帮他出主意的人，汉军所受的压力减轻了。凭实力，项羽还能打败汉王；可是要斗智，他却不是汉王的对手。

刘邦见项羽围住荥阳不退，便叫一个手下晚上坐着他的车子，带着两千名披甲的妇女从荥阳东门出走，来分散楚军的注意；而汉王自己则带着几十名骑兵从西门突围，逃往成皋。汉王用少数兵力在荥阳、成皋一带牵制项羽的兵力，却让韩信攻取北边和东边魏、燕、赵等地，又叫将军彭越在楚军后方截断楚军的运粮路线，使项羽来回作战，疲于奔命。如此，楚汉双方对峙了两年多。

公元前203年，项羽进攻成皋，刘邦从北门逃走，项羽占领成皋后交给手下将军曹咎留守，再三嘱咐他千万不要和汉军交战，项羽本人率军去打彭越挽救运粮线。

汉王下令士兵每天隔着汜水向曹咎军营辱骂，一连骂了几天，最终曹咎沉不住气了，决定渡河与汉军决一死战。汉军趁楚兵渡河渡到一半时发动进攻，楚军大败，曹咎在汜水边自杀。

项羽正从彭越手中收复了一些地方，听说成皋失守，赶忙回头来对付汉王，在广武地方，楚汉两军隔着一条溪又对峙了起来。

项羽向刘邦挑战，要他站出来比个高低上下。刘邦不敢应战，回话说可以斗智，不比力气。两人在阵前对话，刘邦当面数落项羽的十大罪状，说他不守信用不讲信义、杀害义帝、屠杀老百姓，等等，把项羽大骂一通。

项羽听了大怒，用手中的戟向前一指，示意身后的弓箭手放箭。刘邦赶快回马，但胸口已中了一箭，受了重伤。刘邦怕士兵知道他受伤后会军心大乱，便偷偷把箭拔出，弯腰摸摸自己的脚说："好家伙，这一箭射中

小知识

戟： 古代兵器，在长柄的一端装有青铜或铁制成的枪尖，旁边附有月牙形锋刃。

了我的脚趾！"左右把他扶进营帐，汉王受伤的消息很快传开了，张良怕军心动摇，劝汉王勉强支持着到各军营巡视了一遍，稳定军心。

项羽听说刘邦没死，大失所望。这时，韩信在齐地大败楚军，楚军的运粮道又被切断，粮草供应越来越紧张，项羽进退两难。

刘邦趁机派人与项羽讲和，要求释放太公和吕后，建议楚汉双方以鸿沟为界，鸿沟以东归楚，以西归汉。

项羽认为这样划定楚汉分界还不错，就同意了。他放回了太公和吕后，收兵东回彭城。

殊不知，汉王这次讲和，只是一个缓兵之计，不出两个月，汉王就撕毁和约，开始了楚汉之间的最后决战。

后人就把楚汉对峙的局面移到棋盘上，以鸿沟定为楚河汉界，两个对手各扮楚汉双方，在小小的棋盘模仿当年的情景厮杀一番呢！

小知识

鸿沟： 在荥阳东南，古运河名，自荥阳北部引黄河水，连接一些主要河道，形成了黄淮平原上的水道交通网。楚汉用以分界后，今称界线分明为"划若鸿沟"。

8

四面楚歌

我们常用"四面楚歌"来形容四面受敌、陷于孤立无援的困境。你知道吗，这句成语的典故就出自楚汉相争时的西楚霸王项羽！

楚汉讲和之后，项羽从荥阳退了围攻的军队，回到彭城去了。刘邦也想往西回到关中去养伤，但是他身边的谋士张良、陈平给他出主意说："现在楚霸王兵疲粮尽，正是一举消灭他的好时机，不然放虎归山，后患无穷。"

刘邦觉得他们的建议很有道理，现在汉军已占有大半个天下了，应趁热打铁夺取整个天下。于是刘邦在不到两个月的时间就撕毁和约，派兵去追赶项羽；并派人去通知韩信、彭越、英布的军队前来会师，配合作战，答应在胜利之后分给他们大块封地。

公元前202年，汉王已组成了伐楚大军，除了刘邦和韩信等人率领的部队会师之外，萧何从关中又调来了好几批人马，充实了兵力。这支大军由韩信统一指挥，楚汉双方的最后决战开始了。

韩信用三十万人马在垓下设下十面埋伏，把楚霸王十万军队引诱进来，切断后路，重重围住。项羽的人马不多，粮食也快用完，他几次率军想冲杀出去，但打退一批，汉军和诸侯的军队又来一批；杀出一层，还有一层，项羽杀得筋疲力尽，还是不能突围，只好回到垓下大本营，吩咐将士小心防守，准备再找机会出击。

为了动摇楚军将士的军心，瓦解他们的士气，张良派人找来一些会唱楚国民歌的人，叫他们到各营去教汉兵唱楚歌。每当夜深人静，汉营里就传出凄凉的楚歌，歌声随风吹进楚营，勾起楚军将士的思乡情怀，很多人纷纷开小差逃走。后来竟连项羽的叔父项伯、亲信季布、钟离眜等人也都离他而去。

项羽有一个钟爱的妃子叫虞姬，平时一直陪伴左右，在精神上支持项羽，在生活上对他照顾得无微不至。一天晚上，她在营中准备好酒菜等项羽回来。项羽回来时神色疲惫，满脸哀伤，原来今天的突围又没成功，楚军被韩信埋伏的部队打得损失惨重，只剩下一两万人马了。

虞姬安慰他说："胜败是兵家常事，不要太难过。"并命人端上酒菜，劝项羽进食。项羽哪有心情下咽美食，他只是大口大口地喝着酒，借酒浇愁，喝了几杯后迷迷糊糊地睡着了。

睡意蒙眬中，项羽听到一阵阵悲凉的歌声，夹着呼呼的风声从远处传来，由远而近，渐渐地好似楚营四面都充满着楚国民歌声。项羽被惊醒了，他跑出营帐，发

小知识

垓下：今安徽省灵璧县东南。

十面埋伏：意思是设伏兵于十面以围歼敌军，后用"十面埋伏"喻重重包围之意。

现歌声竟是来自汉营。他吃惊地问道："难道刘邦已经攻下西楚了吗？怎么汉营里有这么多楚人？"

这时，有士兵来向他报告说："军中只剩八百亲兵。"原来其余人都逃走了。项羽闷闷不乐地回到营帐里，又喝起酒来。

那时，项羽心爱的一匹乌骓马，也在营帐外一声声地嘶叫，好像在催项羽赶快骑着它冲杀出去。项羽听得心更乱了，叫人把马牵走，谁知那马却怎么也不肯挪动一步。项羽心里难受极了，随口编了首歌，唱了起来：

力拔山兮气盖世，时不利兮骓不逝。
骓不逝兮可奈何，虞兮虞兮奈若何！

歌词的意思是：我力气大得能拔起一座山，气魄能压倒天下好汉，但时运不利，连乌骓马也在为我抱不平。虞姬啊虞姬，我拿你怎么办？

虞姬也和唱道："汉兵已掠地，四面楚歌声。大王意气尽，贱妾何聊生？"虞姬劝项羽千万别把她的生死放在心上，赶快突围出去是当务之急。项羽拉着虞姬的手，伤心得眼泪不断往下掉，舍不得和她分离。虞姬为了让项羽安心突围，趁他不注意，抽出项羽的宝剑自杀了。

虞姬死了，项羽好伤心啊，但他也因而没了牵挂。于是，他率领八百名亲信，跨上乌骓马，趁着黑夜，突围出去。天亮时分，汉军才发现项羽已经突围，连忙派了五千骑兵紧紧追赶。经过几次激烈交锋，项羽渡过淮河时，跟着他的只剩一百多人了。又跑了一程，他迷了路。

项羽向一个庄稼人问路，问走哪条路可以到彭城。那庄稼人认出他是项羽，不愿帮他，哄骗他说走左边一条路。谁知那条路通往沼泽地，等他们回头走出来时，汉兵已经追上来了，项羽自己带头向汉兵冲去，又砍杀

小知识

乌骓马：毛色青白相间的马叫骓，这里的乌骓马是西楚霸王项羽的坐骑。

沼泽地：水草茂密的泥泞地带。

了两名汉将和几百名士兵。最后，他们跑到乌江边，项羽身边只有二十六人了。

乌江的亭长正好有一条小船停在岸边，他劝项羽上船，说："江东虽小，尚有土地千里，人口几十万。大王还可以在那边称王。"

项羽苦笑道："我在会稽起兵，带了八千子弟兵渡江，今天他们没有一个人回去，我有什么脸再去见江东父老呢！"

说完，项羽跳下马，把马送给了亭长。他拿着短刀，带头跟追上来的汉兵肉搏起来，杀了几百名汉兵，楚兵也一个个倒下。项羽受了十几处伤，最后在乌江边悲壮地拔剑自刎，当时他才三十一岁。

武功赫赫的楚霸王起兵八年内，经过七十多次战斗，战无不胜，万夫莫敌，如今壮烈地倒在乌江边。他的死，结束了历史上的楚汉相争。

小知识

乌江：位于安徽和县东北面的一条江。

思考角

叱咤风云的抗秦英雄项羽垓下战败后在江边自刎，说无脸见江东父老，是什么意思？

项羽（公元前232年—前202年）豪气盖世，英勇无比，古人曾赞他说"羽之神勇，千古无二"，不是会轻易战败的人。但汉王刘邦撕毁和约，派重兵来攻，韩信又设下十面埋伏，项羽中了计，败于垓下。本来他还想把仅剩的二十多人组织起来拼杀后渡江，但是后来怎么会在江边自刎呢？很多人觉得不可理解。一般有以下几种猜测。

一，项羽眼见爱姬拔剑自尽，手下士兵都差不多散尽，内心非常愧疚，觉得自己也不能再活下去。

二，因为项羽本是楚国下相（今江苏宿迁）人，随叔父在会稽（今江苏苏州）起义，当年带了八千兵马渡过长江起义反秦，如今沦落到如此地步，无脸回去见江东（长江以东）的乡亲们。

三，项羽看到战争使得老百姓陷于水深火热之中，他不忍心这样的杀戮再继续下去。本来他已经和刘邦谈和了，谁料对方背信弃义，项羽只好牺牲自己来结束争斗。

无论如何，人们都认为这位起义英雄死得壮烈，永为人们怀念。宋代女词人李清照在《夏日绝句》一诗中写道："生当作人杰，死亦为鬼雄。至今思项羽，不肯过江东。"

知多一点

楚汉相争带来的文化瑰宝

楚汉相争结束了，但这段起伏跌宕、精彩纷呈的历史留下了无数动人的故事，成为历代文学、戏剧、曲艺、美术的创作题材，如鸿门宴、萧何月下追韩信、楚汉分界、十面埋伏、霸王别姬、破釜沉舟、暗度陈仓、四面楚歌等。

9

汉高祖为什么要订「白马盟」？

埚下之战后，刘邦得了天下，建立汉朝，正式称帝，即汉高祖，他是中国历史上第一个平民皇帝。

汉高祖即位后不久，在洛阳南宫举行了一个庆功宴会。意气风发的高祖在席间问大家："请各位说说，我为什么能打败项羽夺得天下？"

大臣们纷纷发表了意见。有的说项羽气量狭小，有功无赏，而刘邦能和大家有福同享；有的说项羽脾气暴躁，生性猜疑，而刘邦宽厚温和、待人仁慈。

汉高祖听了笑笑说："你们说对了一半。要论出谋划策，我不如张良；治理国家，我不如萧何；率军打

汉高祖为什么要订"白马盟"？　　　69

仗，我比不上韩信。这三位是天下豪杰。我能重用他们，所以我能成功，项羽有一个能干的范增，但却不会用他，所以失败了。要知道成功失败，全在于用人。"

大家都觉得高祖说得有道理。后来人们就把萧何、张良、韩信称为"汉初三杰"。

汉高祖说他会用人，这一点确是事实，也是他能战胜项羽的重要原因之一。在楚汉相争的过程中，刘邦不仅重用了萧何、张良、韩信这样能独当一面的杰出人才，并用了许多有各种长处的能人。只要有本领，不管他的出身如何，刘邦都会用。在他用过的人之中，就数张良的出身最尊贵，是韩国的公子。其次是萧何和曹参，本是沛县的小官吏。其他如陈平、王陵、郦食其等人都是普通百姓，没做过官。韩信原是个到处流浪的无业游民；在鸿门宴上保护过刘邦的樊哙，是个宰狗的屠夫；大将周勃是个编织草席的工人兼吹鼓手；大将灌婴是个绸布贩子……他们在当时的社会里都只能身穿布衣，没有穿绸衣的资格，因此历史上称刘邦手下这批臣子是"布衣将相"。刘邦按照臣子的功劳大小，分别封以土地，萧何被封为酂侯，得地最多；曹参为平阳侯，张良只要了留地。萧何还当上了丞相。在楚汉战争中，刘邦曾先后封了七个异姓王，其中包括立下赫赫战功的韩信，在当时这确是能起到笼络部下、分化敌方、孤立项羽的作用。可是，楚汉战争结束后，这些拥有重兵的异姓王渐渐成了汉王朝的威胁，有的甚至公开叛乱。结果汉高祖用了七年时间，消灭了异姓王，巩固了西汉的统一。从此，高祖不再相信异姓人，只相信自己的同姓子弟，便把全国大约五十四个郡中的三十九个，分封给九个刘姓子弟，想靠他们来巩固汉室的统治。

不幸的是，汉高祖在攻打异姓王的战役中曾被飞箭所伤，就此一病不起。临终时他带着文武大臣到太庙去

小知识

吹鼓手：旧式婚礼或丧礼中吹奏乐器的人。

布衣：古时用布衣指平民，因为当时平民只能穿布衣，只有当官的才可以穿绸衣。

留地：战国时期属于郑国，后被陈国吞并，改名为陈留，又名凤凰城，相传有凤凰在此栖息。这里人才辈出，西汉张良和汉献帝刘协等在此居住，日后曹操在此地起兵南下。

异姓王：跟皇帝不同姓、无血统关系，因公受封王爵的人。

汉高祖为什么要订"白马盟"？

71

杀马宣誓订白马盟，他们喝下热腾腾的白马血，立下一条不许违反的盟约：从今以后，凡不是姓刘的人，一概不许封王；没有功劳的人，一概不许封侯。谁违反了，天下人就共同讨伐他！

汉高祖在位期间还做过两件大事：

一是采纳了儒生叔孙通的建议，到鲁国召集了懂得古代礼仪的三十人，来为汉朝制定朝仪，整顿朝廷秩序，这套礼仪规矩在中国一直实行了两千多年。

二是公元前200年，匈奴的冒顿单于南侵，高祖亲自迎战，打了败仗，便采取和亲的办法，把一个漂亮的宫女嫁到匈奴去，与单于结为亲家，于是与匈奴的关系暂时缓和了下来。以后各族的统治者都有采取这种和亲政策来维持相互间的和平关系。

杀马宣誓：也叫歃血，是古代宣誓的一种仪式，宣誓者把半碗马血饮下，半碗洒地，表示决心。

单于：音"chán yú"，匈奴君主的称号。

和亲：中原封建王朝统治者与周边少数民族或者各少数民族首领之间出于各种各样的目的而达成的一种政治联姻。

10

吕后夺权

汉高祖与众大臣的白马盟规定不是姓刘的不得封王，不是功臣不得封侯。他怎会想到，日后违反这誓约的竟是他的妻子吕后！

吕后名雉，嫁给刘邦后生了一儿一女，儿子即以后的惠帝，女儿是鲁元公主。刘邦称帝后，吕雉当了八年皇后；惠帝即位后，她做了七年皇太后；惠帝死后，她临朝八年。她前后参与政事二十三年，其中实际掌权十五年，在汉初的统治者中，是个重要人物。

吕后精明能干，对刘邦的创业帮助很大，所以刘邦一向很尊敬她，对她还有几分害怕。刘邦有个宠爱的妃

吕后夺权　73

子戚姬，生了个儿子，叫如意。刘邦嫌弃吕后生的儿子刘盈太优柔寡断，但此时已立吕后的儿子刘盈为太子。他想废了刘盈立如意为太子，但遭到诸臣的反对，没有办成。吕后对朝中拥立太子的，竭力拉拢，甚至亲自去跪谢。所以她的政治活动实际上从废立太子的问题上已开始，渐渐形成一个以吕后、太子为首的政治集团。

公元前195年汉高祖病死，吕后封锁了消息，召见心腹大臣审食其说："朝中几个大将本是和先帝一起打天下的，后来在先帝手下称臣，总是不服气。如今先帝一去，他们会愿意侍奉太子为帝吗？不如把他们都杀了，才能天下太平。"

审食其觉得事情很棘手，便找吕后的哥哥商量。他们都认为吕后这样做会激起大臣和将军们的反抗，天下会大乱，十分危险。吕后也觉得这事没把握，就没有下手，下了发丧的命令。

他们安葬了汉高祖，把太子刘盈立为皇帝，就是汉惠帝。惠帝当时才十七岁，性格柔弱，身体又不好，所以大权操纵在他母亲吕后手中。

吕后为人阴险奸诈，心肠狠毒，高祖在位时，她就采取阴谋手段，背着高祖杀害了韩信和彭越等异姓功臣，为篡权做准备。高祖一死，她就更肆无忌惮地迫害起刘氏子孙和许多开国功臣来，几年中，她把汉高祖的八个儿子杀了四个，在朝廷安插自己的亲信和族人，并让他们控制了军队，吕后成了实际上的皇帝。

吕后杀害戚姬和她儿子如意的手段最为残酷。首先，她把戚姬打入冷宫，给她穿上囚犯的衣服，戴上铁箍，罚她整天舂米，舂不到一定数量就不给饭吃。然后，吕后把如意从封地赵国召回京城。惠帝刘盈和如意从小一起玩耍，感情很好，知道母亲想杀害如意，他便把如意接进宫，吃睡都和他在一起，尽可能保护他。一天早上，惠帝一早起来去打猎，如意没有跟去，就被吕后派人用毒酒害死了。如意死后，吕后叫人砍断了戚姬

小知识

棘手：形容事情难办，像荆棘刺手。

铁箍：紧紧套在物件外面的铁圈。

舂米：把米放在石臼里捣去米壳。

的手脚，挖掉眼珠，弄聋耳朵，灌了哑药，丢在厕所中，叫作"人彘"。吕后还叫惠帝去看，惠帝一看，认出这段人不像人、猪不像猪的躯体就是父亲生前的爱妃，吓得大哭，病了一年多。从此他喝酒作乐，不理国家大事，到第七年郁郁死去。

汉惠帝的妻子张皇后没有生孩子，吕后就叫她假装怀孕，到时候抱来一个宫女的婴儿，假称是皇后所生，并把那个宫女杀了灭口。公元前188年惠帝死后，这个婴儿刘恭就做了皇帝，称为前少帝，但真正发号施令的仍然是吕后。

吕后想封侄子吕台为王，先试探右丞相王陵的意见。王陵率直地表示反对说："不行！高祖在世时曾杀白马订盟约，如今你要封吕家人为王，是违背盟约的事，我不能同意！"吕后听了很不高兴，免了王陵的职务，叫他去做少帝的老师，王陵推说有病，告老回乡了。吕后赶走了王陵，把左丞相陈平升为右丞相，把自己的亲信审食其提拔为左丞相。之后，大臣们也不敢再反对，吕后就肆无忌惮地封了吕台为王。不久，吕后又封了六个吕家的人为列侯。

当时的左丞相陈平和太尉周勃表面上同意吕后这样做，当王陵责问他们时，他们说："您别着急，当面在朝廷上和太后争论，我们比不上您；将来保全刘家天下，您就比不上我们了。"

刘恭懂事后，听说张皇后不是他亲生母亲，他的生

人彘： 古代把猪称为"彘"，这里指把人变得像猪一样的一种酷刑，是吕后发明用来对付戚夫人的一种非常残忍的酷刑。

列侯： 是从秦朝开始的一种爵位，属于侯爵，分二十个等级，西汉延续这项制度，帝王封赏有功者，也称通侯。

母已被害死，就气愤地说："我长大后，一定要替母亲报仇！"吕后听说后，怕日后真的出乱子，就偷偷把前少帝杀害了，找来一个叫刘弘的小孩做皇帝，历史上称他为后少帝。

少帝刘弘即位第四年，吕后得了重病。她担心自己死后吕家人会吃亏，便指派赵王吕禄为上将军，统领北军；梁王吕产为相国，率领南军，告诫他们在她死后要抓住兵权保卫宫廷。

吕后死后，吕产、吕禄想发动叛乱，准备全面篡夺刘姓天下。这时，以周勃、陈平为首的老臣子先发制人。他们先派人去向吕禄分析形势，劝他交出将印，回赵国封地。吕禄见不是他们对手，只好照做了。周勃拿了将军大印到北军去宣布："现在吕氏想夺刘氏王权，帮吕家的袒露右臂，帮刘家的袒露左臂。"将士们都是心向刘家的，纷纷露出左臂。周勃接管了北军，派人杀了吕产，又率军消灭了吕氏一族的人。吕后一手建立的吕氏天下，前后共十五年，被彻底摧毁了。

大臣们商议，废黜刘弘，派人接来汉惠帝的四弟代王刘恒，拥立其为帝，是为汉文帝。

小知识

袒露左臂：历史上叫左袒，指士兵们敞开上衣，脱去左袖露出左臂以示效忠汉家王朝。

一提起汉朝掌权十五年的吕后，人们就想到她心狠手辣的夺权手段，但有人说她在历史上也起到了一些好的作用，那都有哪些呢？

汉高祖刘邦的妻子吕后本名吕雉（公元前241年至前180年），后被尊为皇太后，又称为汉高后，是中国历史上三大女性统治者（吕后、武则天、慈禧太后）中的第一个。

其实刚嫁给刘邦时的吕雉是个贤惠的妻子。那时生活并不富裕，刘邦常在外面忙碌，她便在家耕田、织布、养蚕，服侍父母、抚养子女，独力撑起生活的重担。

吕后性格刚毅、精明能干，在刘邦称帝的八年间，她协助刘邦镇压叛逆，打击割据势力，对巩固汉朝、统一政权起了重要的作用。当刘邦病重濒危的时候，吕后向他请教以后的人事安排。刘邦过世后朝廷的重要官员任命基本上是按照刘邦的主意安排的，一些开国功臣继续得到重用。

刘盈即位，大权落到吕后手里后，她继续执行刘邦休养生息的政策，鼓励农耕，发展生产，废除了一些苛刻的法令，减轻税收，提倡勤俭治国，严惩铺张浪费，对工商实行自由政策，社会经济得到恢复；外交方面，继续对匈奴实行和亲政策。因此百姓生活比较安定。司马迁的《史记》对吕后给予了好评。

但吕后为了巩固自己的权势，建立吕氏天下，不惜用残酷的手段杀害老臣，对以前刘邦宠幸的妃子和反对她的刘氏诸王进行残酷迫害；重用亲信，培植了一个吕氏外戚集团。她的倒行逆施最终在她死后引发了刘氏皇族集团与吕氏集团之间的流血斗争，后者走向了必然灭亡的命运。

11

缇萦救父的故事

公元前179年，二十四岁的刘恒即位，就是历史上有名的汉文帝，汉代在他的治理下进入太平盛世。文帝减轻百姓的赋税和徭役，敬老扶幼，发展生产。最受人欢迎的是减轻刑罚的政策，他废除了一人犯法、全家连坐的法令，后来又规定罚钱赎罪的法律。在废除肉刑法令的过程中还有一个动人的小故事呢!

汉文帝的母亲薄太后出身低微，因此得不到汉高祖的宠爱，高祖把刘恒安排到很远的北方去当代王，薄夫人就跟着去了，在代郡住了十七年。母子俩生活俭朴，时常和当地百姓接触，所以了解百姓的疾苦。

文帝继位后，颁布了一道命令：老百姓有什么解决不了的困难，或愿意给皇帝提合理建议的，都可以给皇帝上书。

公元前167年，临淄（zī）有个读书人叫淳于意，精通医学，经常给人治病，渐渐便出了名。后来他被任命为太仓县令，可是他不愿意与大官们应酬，也不会奉承，便辞官回家，一心一意当起医生来了。

一次，一个大商人的妻子得了病，请淳于意去医治。但那女人吃了药后，没几天就死了。大商人仗势向官府告了淳于意一状，说他庸医害人，治错了病。当地官吏判他"肉刑"，要把他押解到长安去受刑。

淳于意有五个女儿，没有儿子。在他被押解去长安

小知识

连坐： 旧时一个人犯法，他的家人、亲戚，甚至邻居都要连带一同办罪受罚。

肉刑： 中国古代摧残人的肉体的刑罚，一般是指切断肢体或割裂肌肤的刑罚，如汉代的肉刑有三种：在脸上刺字、割掉鼻子、砍去左脚或右脚。

代郡： 今河北蔚县。

之时，望着女儿们叹气说："唉，可惜我没有男孩，有了急难，一个有用的也没有！"

几个女儿都低头直哭。最小的女孩叫缇萦，她听了父亲的话又伤心又不服气，心想："为什么女儿就没有用？难道我不能帮助父亲吗？"

她提出要陪父亲跟着解差到长安去。

到了长安，缇萦来到皇宫，要见汉文帝，看门的不让她进去。她听说文帝鼓励百姓向他上书，便写了一封信，托看门的送上去了。

汉文帝接到信，一看上书的是个十来岁的小姑娘，字虽然写得歪歪斜斜，内容却意真情切，很是动人。信中讲了她父亲的事后说："我不但为父亲难过，也为所有受肉刑的人伤心。肉刑是一种可怕的刑罚，一个人砍去脚就成了残废，割了鼻子，不能再安上去，脸上刺了字，就破了相，以后就是改过自新也没法补救了。为什么不给犯人一个改过自新的机会呢？我愿给官家做奴婢，替父亲赎罪，好让他有一个改正

的机会。"

汉文帝读了信，觉得她说得有理，就召集官员说："犯了罪是应该受罚，但是刑罚的作用是警诫人不要再犯法，要让人能重新做人。肉刑却害人一辈子，过重了，应该用别的刑罚来代替。"

官吏们商量后拟定了一个办法，把肉刑改为打板子。原来判砍脚的，改为打五百板子；原来要割鼻的，改为三百板子；原来要在脸上刺字的，改为做苦工。肉刑正式废除了。缇萦不但救了父亲，也替天下人做了件好事。她年纪虽小，却十分勇敢！

小知识

打板子：旧时拷打或施行体罚时用竹片或木板打犯人的身躯。文、景帝时规定只能打犯人的屁股，不许打其他部位。

12

不向皇帝跪拜的将军

　　文帝在位时，跟匈奴继续采取和亲的政策，双方没有大规模的战争。但是后来匈奴单于听信了汉奸的挑拨，跟汉朝绝交，又侵犯北方边境，烧杀抢劫，无恶不作。

　　汉文帝接到匈奴入侵的报告，赶忙派出三位大将带领三路人马去前线抵抗。另外，他又派三位将军带兵驻扎在长安城附近，保卫国都的安全。

　　一天，汉文帝亲自到长安附近的驻地去巡视，顺便慰劳一下将士。

　　他先到的两处军营都是军门大开，将领们一见皇帝驾到，都纷纷骑着马出来迎接，仪式十分隆重。在这几处军营，汉文帝的车驾可以自由进出，一点也没受到阻拦。

最后，汉文帝来到周亚夫将军驻扎的细柳营。

军营的哨兵远远看见有一行人马开过来，立刻报告了周亚夫。将士们随即披盔带甲，弓上弦，箭出鞘，做好战斗的准备。

文帝的车队到了营门，守卫的岗哨立刻拦住，不让进去。

文帝的随从威严地喝道："皇上驾到！"

营门的守将有礼貌地答道："军中只听将军的命令。没有周将军的命令不能开营门，即使是皇帝也不例外。"

汉文帝只好拿出皇帝的符节，派人传话进去说：

小知识

符节：中国古代朝廷用于传达命令、征调兵将以及其他事务的一种凭证，用金、铜、玉、角、竹、木、铅等不同原料制成。

"我要进营来慰劳军队。"

周亚夫见到符节，通知守将开门，文帝的车才得以入内。守将还郑重地告诉他们："军中有规定，车在营内不能策马奔驰。"文帝的侍从都很生气，文帝却吩咐大家放松缰绳，让车辆缓缓前进。

到了营内，周亚夫全身披挂，手持兵器，威风凛凛地站着，见了文帝只是拱了拱手行礼，并不跪拜，说："臣盔甲在身，不能下拜，只能按照军礼朝见。"

文帝大为震动，他十分欣赏周亚夫的做法。他向全军将士传达了慰问，并视察了全营，只见军阵严整，士兵精神饱满，严阵以待。

事后，文帝的随从愤愤不平，认为周亚夫不跪拜，对皇帝太没礼貌了。但是文帝却赞不绝口："这才是真正的将军和真正的军队啊！松松垮垮、纪律不严的军队，敌人来偷袭时不作俘虏才怪呢！像周亚夫这样治军，敌人怎敢来侵犯呢？"

汉文帝认定周亚夫是个军事人才，就把他提升为中尉。

第二年，文帝得了重病，临终时他对太子刘启说："将来国家发生动乱的话，叫周亚夫统率军队，一定错不了。"

刘启即位，就是汉景帝。那时，当年高祖分封的刘姓王势力发展很快，有些诸侯不把朝廷放在眼里。景帝采纳了御史大夫晁错的建议，着手削减诸侯的领地，划为中央管辖，由此引起了公元前154年的"七国之乱"。

景帝一看叛军的声势很大，想起文帝临终的嘱咐，便封周亚夫为太尉，率领三十六位将军，分三路讨伐叛军。

　　周亚夫素来训练军队严格，因此将士素质很高，纪律严明，士气高涨。周亚夫又很有智谋，他的作战方法很特别：并不正面去攻打叛军，而是暗中绕道，切断叛军的运粮路线。之后他按兵不动，等到叛军饿得受不住了，纷纷逃走时，周亚夫才出动精兵一举击垮叛军。仅仅三个月内，他就解决了汉朝的大灾祸。

　　文帝和景帝在位的四十年间，除了七国之乱以外，天下太平，社会安定，经济发展，国富民强，所以史称"文景之治"。

小知识

御史大夫：秦汉时仅次于丞相的中央最高长官，主要职务为监察、执法，兼掌管重要文书图籍。

七国之乱：汉景帝先下令削减楚、赵诸侯国的封地，吴王就联合楚王、赵王、济南王、淄川王、胶西王、胶东王的刘姓宗室诸侯，以"清君侧"为名发动叛乱。这是一次地方割据势力与中央专制皇权之间矛盾的爆发。

13

大有作为的
汉武帝和三
位武将

公元前141年，当景帝的儿子刘彻即位的时候，据说国库的钱库和粮仓都装得满满的，钱库里的钱多得数不过来，连串钱的绳子都烂了，粮仓里的粮食堆得满溢出来，有的甚至已经霉烂了！

你是不是以为，在这样的太平盛世中即位的皇帝，就可以好好享乐一番呢？不，汉武帝刘彻是一个雄心勃勃的人，虽然他当皇帝时只有十七岁，却对治国有一肚子的想法。他具雄才大略，在政治、经济、军事、文化各方面干得轰轰烈烈，使汉朝在当时成为世界上最强盛的帝国。

让我们来看看汉武帝主要做了哪些事吧！

首先，他加强了中央的权力。平定"七国之乱"后各地封国的势力削弱了，但还存在着日后逐渐膨胀的危险。汉武帝规定各诸侯国不仅只由长子继承王国，还必须把土地分封给其他子弟，这样大诸侯国变为很多直接由郡管辖的小国，力量削弱，而中央的力量加强了。同时，武帝又建立了一套以皇权为中心的官僚制度，让大批忠于王室的知识分子做中央和地方的官员，巩固了皇帝的统治。

汉武帝还采用了学者董仲舒的主张"罢黜百家，独尊儒术"，用儒家思想来统一全国。大家都听说过"君要臣死，臣不得不死；父要子亡，子不得不亡"的话

罢黜百家，独尊儒术： "罢黜"是贬低并排斥的意思。武帝时把儒家的著作视为经典，尊孔子为至圣，只有通晓儒家学说的人才能做官，从此儒家思想成为维护封建统治的正统思想。

吧？这就是在当时社会里人人要遵守的"三纲五常"中的一条行为标准。汉武帝用它来稳定国家和社会秩序，这种封建传统思想统治了中国整整两千多年！

在经济上，汉武帝禁止地方私自铸钱，统一货币，改用五铢钱；并把冶铁煮盐、运输贸易改为国营专卖，为朝廷增加了巨大收入。这些措施都有利于国家的统一和政权的巩固。

汉武帝的另一大功绩就是出兵匈奴，基本上解除了匈奴对汉朝的威胁，并扩大了疆域，使汉帝国达到了强盛的顶点。

说到匈奴，就不能不提到李广、卫青、霍去病三位大将。

李广擅长射箭，是位老将，汉文帝时代已是皇帝的侍卫官，常陪文帝打猎。景帝时代平定七国之乱时也曾立过功。一次，他带着百十来个骑兵去追赶三个匈奴射手，射杀了两个，活捉了一个，正准备返营时，忽见几千个匈奴骑兵赶了上来。李广叫手下人别慌，说："我们离营地还有几十里，如果慌忙逃走，匈奴人一定会追上来把我们全部杀死；如果我们不走，匈奴人以为我们是大军派出来诱敌的，就不敢来攻击我们。"他就下令大家继续前进，到离匈奴人大约二里地时下马，卸了马鞍，在草地上休息。果然，匈奴人不敢前来，一个匈奴将军骑马奔来看个仔细，被李广一箭射死。匈奴人以为汉军有埋伏，怕受袭击，就逃走了。汉军化险为夷。李广有勇又有谋，被称为"飞将军"。

可是飞将军也有失算的时候，真所谓"胜败乃兵家常事"。公元前129年，汉武帝派四路兵马去抵抗匈奴，匈奴人最怕李广，就集中大部分兵力对付他，并挖下陷阱引诱他去追赶。李广中计，掉进陷阱被捕。匈奴人把李广装在用绳子编成的吊床里，挂在两匹马之间，驮着

三纲五常：根据儒家思想制定的封建社会的三种主要的道德关系和道德教条。"三纲"是"君为臣纲，父为子纲，夫为妻纲"，"纲"是居主要或支配地位的意思；"五常"是指仁、义、礼、智、信，是封建社会五种行为准则。

五铢钱：用重量作为货币单位的钱币。用铜铸成外圆内有方孔的钱币，上有"五铢"两字。汉代的金五铢钱迄今只存一枚。

送去单于的大营。李广躺在吊床里装死不动，等他瞅到旁边过来一个骑着一匹好马的匈奴兵，就从吊床上一跃而起，跳上马夺了骑兵的弓箭飞奔而去。这次他打了败仗又当了俘虏，所以被判了死刑。汉朝有一条规矩，罪人可以拿钱赎罪。他用钱赎了罪，回家做了平民。这次四路战役中只有年轻的卫青打了胜仗，得到武帝的赏识。

过了两年，即公元前127年，武帝派卫青出兵匈奴。卫青收复了长期被匈奴盘踞的河南地区，政府在此设了朔方城，又从关东移民十多万到此居住，解除了匈奴对长安的威胁。公元前124年，卫青率三万骑兵打败匈奴右贤王，武帝封卫青为大将军，统率全军。

公元前121年，对匈奴的第二次大战役开始，目标是争夺河西地区。这次卫青的外甥、勇敢善战的霍去病旗开得胜。他率领骑兵万人，奔驰千里，控制了河西地区。汉朝政府把关中的贫苦人民移居到河西去开垦，设置河西四郡，从此河西再也没有匈奴的踪迹。

公元前119年，汉武帝发动了规模最大、征途最远、具有决定意义的一次战役，目的在于深入沙漠北部，歼灭匈奴主力。卫青和霍去病各率领五万骑兵，并配有十四万马匹和几十万步兵及驮夫作战。西路卫青与匈奴主力单于交锋，战斗激烈，结果万名匈奴骑兵溃散，单于落荒而逃。东路霍去病深入塞北两千多里，杀敌七万多，俘虏了八十三个匈奴首领。匈奴的主力被打垮，从此匈奴撤退到大沙漠西北，再也不敢南下，汉朝扩大了疆土，长城内外一片繁荣安定的景象。

卫青出身奴隶，关心士兵疾苦，作战指挥若定，是位杰出大将；霍去病年少有为，作战勇猛，屡建奇功，武帝为他修建豪华住宅，他都婉言谢绝，可惜在二十四岁时病死。卫青、霍去病不愧为汉代的大英雄。

小知识

河南：现黄河河套内、绥远等地。

河西四郡：指黄河以西今河西走廊地区，四郡为武威、酒泉、张掖、敦煌。

14

张骞与「丝绸之路」

你是否注意到，在我们常吃的一些蔬菜、水果的名称中，如胡萝卜、洋白菜、洋山芋、番石榴等，有"胡""洋""番"这些字？它们是什么意思呢？原来这些蔬菜、水果都不是中国本土原产，而是由外国引入的，所以把它们冠以"胡""洋""番"等，表示外国或外族的字。那么，它们是由哪里传到中国来的呢？是谁把它们带来的呢？这里，就要讲讲中国第一个通西域的使者张骞（qiān）和他所开辟的"丝绸之路"的故事了。

汉武帝在积极准备用武力征服匈奴的同时，也在进行另一个计策，就是要联合匈奴的敌人一起来攻打匈奴。他听说有一个月氏（zhī）国，被匈奴打败了，月氏王也被砍了脑袋，月氏族被迫迁到西域，恨透了匈奴，一心想报仇，只是无人帮助。

武帝想：月氏国在匈奴西边，要是和他们联合起来，胜利就有把握了。他下了一道诏书，招募精明能干的人去联络西域的月氏国。

当时谁也不知道月氏国在哪里，去西域又要经过匈奴境地，谁敢应征？

有个年轻的郎中叫张骞，胆子很大，觉得出使月氏是件很有意义的事，便报名应征。

公元前138年，汉武帝正式任命张骞为使者，让他带

小知识

西域： 汉以后对甘肃玉门关以西地区的总称。自汉代以来，狭义专指葱岭以东，广义则是凡通过狭义西域所能到达的地区，包括亚洲中、西部地区等都在内。

诏书： 皇帝颁发的命令。

郎中： 古代官名，帝王侍从官的通称。始于战国，秦汉沿置。其职责原为护卫、陪从，随时建议，备顾问及差遣。

了一百多人，并由一名匈奴降将堂邑父做翻译，出发去西域。

可惜他们走了没几天，就在匈奴境内被抓了。单于对这些使者还算客气，没有杀他们，只是分散软禁了他们，并把一个匈奴女嫁给张骞做妻子，如此一住多年。

张骞始终不忘使命。一天，他和堂邑父趁匈奴人看管松懈时骑马逃了出来，继续西行。一路上尽是沙漠及荒原，找不到食物和水，亏得堂邑父箭法高超，不时射杀些飞鸟、野兽充饥。

很多天后，他们来到了一个热闹的地方，那里的人有着高鼻子和蓝眼睛，他们以为是月氏国。一问之下，原来不是月氏而是大宛国。

大宛国国王早就听说东南面有个富庶的汉朝，听说是汉使来到，就盛情款待张骞。张骞对他说明了自己出使西域的任务，然后说："要是您能派人护送我到月氏国去，将来汉朝皇帝一定会厚厚酬谢您。"大宛王高兴地答应了，马上派骑兵和翻译护送张骞到康居，再由康居到了月氏。

月氏国自从被匈奴打败后，西迁到此和大夏国合并，改名为大月氏国。这里物产丰富，生活安定，他们不想再报什么仇了。张骞在那里住了一年多，达不到目的，只好返回。

归途中经过匈奴人的地界，张骞和堂邑父又被扣留了一年多。后来单于死了，匈奴发生内乱，张骞乘乱带了妻子和孩子逃回长安。这次出使西域，一共花了十三年时间。

他向汉武帝详细报告了此行的情况。这次张骞虽然没有达到预期目的，但他到了很多地方，见到很多新鲜东西。他还听人说，西域那里还有几个大国，都是物产丰富的国家，他们也想跟汉朝做生意，更有意思的是，张骞在大夏看见蜀地出产的竹杖和细布，当地人说是他

小知识

大宛：古代中亚国名，汉代泛指在中亚费尔干纳盆地居住大宛附近各个国家和居民，大宛国大概在今费尔干纳盆地。

康居：约在今巴尔喀什湖和咸海之间。

大夏：今阿富汗北部。

们的商人从身毒国带来的。张骞想，这身毒国一定离蜀地不远。

汉武帝听了这些情况感到很兴奋。他尤其对西域的汗血马和奇异珍宝感兴趣，便同意了张骞的意见，再次派他出使西域。

这次张骞把人马分成四队，从蜀地出发去探路，想找到身毒后再去西域。但是每队都只走了一两千里就被挡回来了。张骞的一队虽没找到身毒，但结交了滇国，武帝认为这次结交了一个从没听到过的国家，也很满意。

公元前121年，霍去病率军征讨匈奴时，武帝召张骞随军出征，因为他熟悉那儿的地理形势。征伐大胜，张骞也立了功，被封为侯。

汉朝消灭了匈奴的主力后，西域一些国家见匈奴已失势，便不愿再向它进贡纳税。武帝就再派张骞出使西域去结交各国。

公元前119年，张骞带了三百多人，一万多头牛羊和许多金银、绸缎、布帛等，拿着汉朝的旌节前往乌孙，并把副使分别派往大宛、康居、大夏、安息等国。张骞原想说服乌孙王共同对付匈奴，乌孙王因为不了解汉朝，就派几十人跟张骞到长安去看看，还送了几十匹高头大马给汉武帝。武帝热情接待这些使者，并派人带他们到各地参观。乌孙人见到了长安及各地的繁荣景象，回去报告了乌孙王。乌孙王很高兴，决定与汉朝建立友好关系，并娶了汉朝的公主。

第二年张骞病死了。他派出去的使者也陆续回到长安，那些国家也和乌孙一样，与汉朝建立了友好关系。算了一下，张骞他们三次出使西域，共到过三十六个国家，对于沟通汉朝和西域的交通做出了重大贡献。

小知识

身毒：就是现在的印度，当时也叫天竺。

汗血马：汉朝对西域良马的称呼，也叫天马或神马。传说此种马高二丈多，长一丈许，全身红得发亮，流的汗似血般红，跑得飞快，产在大宛、乌孙一带。

滇国：今云南中部及东部。

旌节：旌为古代旗的一种，竿头缀有牦牛尾，下有五彩羽毛。旌节专指古代使者所持的符节，是使者的标志。

乌孙：在今新疆境内伊犁河谷。

安息：西方作"帕提亚"，伊朗高原古代国家，原为波斯帝国属地。

自此以后，汉武帝每年派使节访问西域各国，西域派来的使节和商人也络绎不绝，像葡萄、石榴、核桃、西瓜等瓜果，以及秋千、马戏、魔术和西域的音乐舞蹈、琵琶、胡琴等乐器也流传到汉朝。中国的造纸、冶铁技术和货物，尤其是丝和丝织品经过西域运到西亚，再转运到欧洲，很受西方人欢迎，后来人们就把这条路叫作"丝绸之路"。

小知识

丝绸之路：指从长安通过河西走廊到达中亚的一条路，在通过这条漫漫长路进行贸易的货物中，中国的丝绸最具代表性，"丝绸之路"因此得名，简称"丝路"。

丝绸之路与"一带一路"

　　古代的丝绸之路已是连接亚洲、非洲和欧洲的商业贸易路线，成为东西方之间在经济、政治、文化等方面进行交流的要道。从运输方式上分为陆上和海上两条路线。陆上丝绸之路起自古都洛阳，经长安、河西走廊、中亚国家到地中海，以罗马为终点，全长7 000公里。海上丝绸之路是古代中国与世界其他各国和地区进行经济文化交流的海上通道，从中国东南沿海，经过南海诸国，穿过印度洋进入红海，到达东非和欧洲，在唐代叫作"广州通海夷道"；到宋元时代已经与世界六十多国有海上丝路的来往；明代郑和下西洋是海上丝路的极盛时期。

习近平主席于2013年9月在哈萨克斯坦提出：为了使各国经济发展的联系更紧密、合作得更深入，可以共同建设"丝绸之路经济带"，形成区域大合作。10月他又在印尼表示：中国愿与东盟国家加强海上合作，共同建设21世纪"海上丝绸之路"。"一带一路"正是在古代丝绸之路的基础上构划的，它配合沿线国家的需求，在平等互利原则上开展国际合作，互联互通，体现和平、交流、理解、包容、共赢的精神。2014年，中国率先出资400亿美元成立丝路基金。几年来，"一带一路"已经覆盖了占世界46亿人口的地区（超过了全世界人口60%），生产总值达20万亿美元，占全球三分之一；沿线的相关六十五个国家的贸易和投资年均增长速度分别达到13.1%和16.5%，这是很了不起的成绩。中国与这些国家签订了投资和建设的各种协定，帮助当地建设港口、修筑铁路和公路、搭建桥梁、开发矿藏、通水通电，改善百姓生活条件，并开展了文化教育和学术交流等工作，深得当地人民的欢迎。"一带一路"是一条国际合作、共同繁荣的康庄大道、双赢之路。

15

司马迁与《史记》

上面我们讲了这么多帝王将相和一些历史名人的故事，你或许要问：这些都是古时候的事情，后人怎么能知道得这么清楚？

这就要归功于历代的史官了。中华民族是一个非常重视历史的民族，每个朝代都设有专业的史官来记载每天发生的大事。其中有一位杰出的史官根据他所掌握的丰富史料编写了一部伟大的历史书——《史记》，使后人得以清楚了解自远古到汉朝在中国发生的重要事情。他，就是中国历史上最伟大的史学家司马迁。

司马迁能写出《史记》，要感谢他父亲对他的培养。他父亲司马谈是汉武帝的太史令，是位渊博的学者。他希望儿子能继承自己的事业，写出一部比孔子的《春秋》更伟大的历史著作来，所以从司马迁小时起就对其进行严格的培养。司马迁十岁时，就诵读《左传》《国语》《尚书》等古代史书。那年，司马迁跟父亲到长安居住，有机会广泛阅读大量图书秘籍，也接触到当时的一些著名人物。

除了"读万卷书"，他父亲又鼓励他去行"万里路"。二十岁那年，父亲给了他一辆马车，叫他到各地旅行，考察史迹，收集史料。

司马迁南边到过长江流域和淮河流域：在会稽考察过夏禹召开酋长大会的地方和禹陵；在汨罗江边凭吊爱

小知识

太史令：官名，掌管起草文书、记载史事、编写史书，兼管国家典籍、天文历法、祭祀等，为朝廷大臣。

汨罗江：发源于江西省修水县黄龙山梨树埌，经修水县白石桥，于龙门流入湖南省平江县境内，向西流经平江城区，自汨罗市转向西北流至磊石乡，于汨罗江口汇入洞庭湖。

国诗人屈原；爬过舜帝葬身的九嶷山……。往北，他到了古代齐国、鲁国的首都，考察孔孟当年讲学的遗迹；在楚汉相争的古战场听老百姓讲民间故事……。凡是古代历史中出名的地方，他都要去游览考察，访问当地的百姓。他遍历名山大川，扩大了眼界，增长了知识，收集了大量的史料。

回来后不久，司马迁通过朝廷的考核，做了博士弟子。一年后，当上了郎中，得以跟随武帝参加各种活动和外出巡视，增广见识。

司马迁三十五岁那年，武帝命令他出使巴蜀以南，他考察了西南少数民族地区，获得了许多书本上读不到的知识。

第二年，司马谈因病去世，临终前再三嘱咐司马迁说："四百年前孔子写《春秋》以来，史书断绝。如今汉朝统一天下，上有英明的君主，下有忠臣义士，他们的事迹丰富感人，我们做太史令的应该把这些事都记下来传给后代。我已来不及做了，你一定要继承我的事业，把书写出来。"

司马迁流着泪答应了父亲。

过了两年，司马迁接替父亲做了太史令，有机会接触政府的文书档案，便着手准备写一本记载中华民族历史的巨著。首先花了五年时间几乎读完了当时朝廷的藏书，做了大量笔记。四十二岁时，司马迁倾注他全部精力，开始了《史记》的写作工作。

公元前104年，司马迁几乎断绝了一切应酬，忘掉了个人的家庭事务，一心一意埋头于古书堆里，着手整理历史的脉络。他日以继夜地工作着，精神振奋，信心百倍。

但是，就在这时飞来一场横祸，改变了他的命运。

朝廷里有个叫李广利的大将军，自己没有什么本事，因为他妹妹李夫人是武帝的宠姬，所以大权在握。司马迁很看不起他，几次拒绝了他的邀请和送礼。李广利对他拉拢不成，怀恨在心，便到李夫人那儿去告状，兄妹俩决计要惩罚一下这个高傲的笔杆子。

小知识

笔杆子：指能写文章的人。

这时，北方的匈奴势力还很强，经常骚扰西域各国，又扣留了汉朝的使者苏武。武帝决心对匈奴用兵，他命令李广利带兵三万去袭击天山一带的匈奴。飞将军李广的孙子李陵精通兵法，训练了一支五千人的骑兵，也要求出征，武帝答允了，并命令老将路博德为他接应。李陵虽然英勇作战，但因孤军深入，寡不敌众，路博德和李广利又没有及时援助他，以致弹尽粮绝，全军覆没。李陵正想拔剑自杀，却被敌人俘虏。

消息传来，朝廷上下震动，很多人痛骂李陵不该被俘。武帝传令史官司马迁，要他谈谈对这事的看法。

司马迁与李陵并不相熟，但他很敬重李陵的为人。要是武帝不问他，他本也想启奏皇上说些自己的看法，所以他侃侃而谈："李陵被俘，固然罪重，但世间无常胜将军，此次他孤军深入敌后，已歼敌一万多，因无援军而失败，至少功过相当，不应群起而攻之。"

因为李夫人常在武帝面前说司马迁的坏话，说他不尊敬李广利大将军，目中无人等等，所以武帝一听司马迁的话勃然大怒："大胆，李陵已经叛汉投敌，你还要为他辩护，尽说他的长处，而贬低李大将军，你不想

活了？"

　　武帝下令把司马迁投进监狱。司马迁没有钱赎罪，就被处以腐刑。司马迁感到人格上受到了沉重的打击，内心十分悲愤，几次想自杀，但一想到父亲的遗愿还没实现，不甘心就此死去。为了实现理想，他决心屈辱一

小知识

腐刑：一种肉刑，割去男性生殖器官，使人丧失生殖能力的残酷刑罚，虽不至于危及生命，但却让人蒙受极大的耻辱。

生，坚强地活下去。

于是他发愤写书。经过多年艰苦的努力，在五十三岁那年他终于完成了不朽的历史巨著《史记》。

《史记》共一百三十篇，五十二万六千多字，记载了从传说的远古时代一直到汉武帝的全部历史，是一部完整的通史。其中包括本纪十二篇，记载帝王的事迹；表十篇，即大事年表；书八篇，记载重要的典章制度和社会经济生活；世家三十篇，记载诸侯王孙；列传七十篇，记载重要人物、少数民族和邻国历史。基本上是以人物传记为中心，反映了时代的各个方面。他写的人物不限于帝王将相，圣贤、英雄、商人、侠客、名医等也是他书写的对象。他爱憎分明，大力歌颂历史上的明君、贤臣、义士和农民起义领袖，对暴君和奸臣酷吏则无情地讽刺鞭挞。历史上的好事和坏事，他都如实地记下，不夸大、不隐瞒，即使是对当时汉武帝的缺点和过失，他也恰如其分地叙述。《史记》一书不仅内容真实可靠，并且文字生动优美，人物写得栩栩如生，是一部伟大的史书，也是一部了不起的文学著作，是中华民族宝贵的文化遗产之一。

真是多亏了司马迁这位伟大的历史学家和文学家，我们后代人才能读到这么多生动有趣的历史故事，认识了我们的祖先，了解到以前曾经发生过的事。所以司马迁一直受到人们的尊敬和爱戴。

司马迁的《史记》用五十多万字记录了从上古传说黄帝时代到汉武帝一共三千多年的中国历史，可是其中绝大部分事件不是他亲身经历的呀，它的真实性怎么样呢？

自汉朝到清朝，对《史记》的研究和考证一直没有断过，宋元之时更多。浩瀚的研究专著和论文对它的内容、文字、典故等作引证、评注和解读，并追究一些疑案。20世纪以来，对司马迁和《史记》的学术研究更扩大了范围，学者和专家们以文献为本，吸取了考古学家的工作成果，结合西方史学的理论和方法，进行了更严谨的分析与考证，有了不少突破性成果。例如，学者王国维首次用甲骨文和金文证明了《史记》中记载的三代历史都是可信的；学者陈直运用甲骨文、金文和秦汉的石刻、竹简、铜器和陶器上的铭文来印证《史记》，收获不小。连很多日本学者和历史学家也写了很多考证和注解著作。普遍一致的看法是：司马迁曾亲自赴各地考察，广读文献，取材广泛，写作态度严谨认真，这部古代历史巨著真实反映了古代社会每一阶层、每一角落、每一方面的动态，是中国第一部规模巨大的社会史，是时代的百科全书。当然，由于历史条件所限，书中难免会有错谬不实之处，它的考证工作还待后人继续不断进行下去。

16

假皇帝变
成真皇帝

武帝之后，八岁的昭帝即位，由大将军霍光代政，国家被管理得井井有条。昭帝之后刘贺曾当了二十七天的皇帝，但他行为不检而被废。宣帝刘询在位时汉朝又强盛了一段时期，但到了元帝、成帝时，国力一天天衰退，帝王只知享乐不问政事，大权逐渐旁落，终被外戚夺取。

汉成帝尊母亲王政君为皇太后，拜大舅王凤为大司马大将军，把五个舅舅在一天之内都封了侯。成帝自己整日吃喝玩乐，过着奢华享受的生活，把一切政事托给王凤，外戚王家从此掌握了朝政大权。

王家财大势大，几个子弟都当了大官，骄横奢侈，显赫一时，只有一个叫王莽的，与众不同。

他是皇太后的侄子，因为父亲早死，因此没能封上侯，家境贫寒，地位低微。为了能出人头地，他一方面努力读书，把四书五经背得滚瓜烂熟；一方面他拼命巴结叔伯们，希望能得到他们的栽培。

大司马大将军王凤得了重病，王莽对这位大伯像亲生父亲一样伺候。他日夜守在病榻旁，亲自尝汤药，端屎端尿，睡觉也不脱衣服。王凤感动极了，临终前向皇太后和汉成帝推荐说："千万要照顾王莽，这个年轻人实在太好了！"

因此王莽被拜为光禄大夫，后来还接替他叔叔当上了大司马，掌握了朝政大权。

大司马： 即以前的太尉，西汉时常用以授给掌权的外戚，常与大将军、骠骑将军、车骑将军等联称。

光禄大夫： 相当于战国时代置中大夫，汉武帝时改为光禄大夫，掌管顾问、应对的官。

王莽为了使自己的名声超过前辈，装出谦恭谨慎的样子，不知疲倦地努力工作。他还注意搜罗人才，凡是来投奔他的，不论出身贵贱，他都收容，以扩大自己的势力。

为了收买人心，王莽经常捐钱、献田、救济贫民，自己家里过得非常朴素。有一次，王莽的母亲病了，官吏们都派自己的夫人前去探病，王莽的妻子只穿着一件破破烂烂的便服出来迎客，那些贵夫人们起初都以为她是王家的佣人。这样，王莽勤俭朴素的美德就传开了。

那时皇太后要封他，王莽说什么也不肯接受封号和封地，经大臣们一再劝说，他只接受了封号"安汉公"，退了封地。王莽又特意派八个心腹大臣到各地去视察，把他退封地这事到处宣扬，各地人民都觉得他是个了不起的好人，很多人写了歌颂他的文章，王莽的威望越来越高。这些，都是王莽为自己日后篡权在制造舆论。

汉成帝死后，换了两个皇帝——哀帝和平帝。平帝即位时只有九岁，不能执政，朝中大事都由王莽一手包办。平帝渐渐长大，到了十四岁那年，多少懂些事了，他看出王莽的野心不小，王莽就把自己的女儿嫁给平帝，不准平帝的母亲留在宫里，还把其他外戚统统杀光，又在朝廷中到处安插自己的亲信。汉平帝看得多了，有时在背地里也会说一些抱怨的话。

王莽知道以后，怕以后平帝会对他不利，便动了杀机。在平帝生日那天，在酒宴上大臣们纷纷为平帝祝酒，王莽也亲自献上一杯带毒药的酒，说是为他祝寿，要他一定得喝。平帝没有怀疑，接过来喝了。

第二天，宫里传出话来，说平帝得了重病，王莽表现得比谁都焦急，他写了文告向老天爷求情，求上天让他代替平帝去死。他有意要大家知道，却又下令不许"泄露"这事。平帝死后，王莽还假惺惺哭了一场。

平帝死时才十四岁，当然没有儿子。王莽从刘家宗室里找了一个两岁的幼儿立为皇太子，叫作孺子婴，王莽自称"假皇帝"，臣民则称王莽为"摄皇帝"。

有些文武大臣想当开国元勋，就劝说王莽即位做皇

小知识

假皇帝：　"假"是代理的意思，意思是代理皇帝职权的人。

帝。王莽当然也想当真皇帝，但他并不想直接抢过王位，他要先让大家觉得王莽这个人是好人，最有资格当皇帝，然后在众人拥戴下即位。所以他仍是常常做善事，做了善事又要设法让别人知道。还派人到各地去鼓励百姓上书，称赞他的功德。

另一方面，他又利用百姓的迷信心理制造种种扑朔迷离的符瑞来收服人心，比如说，平帝死后没几天，有个地方有人从井里淘出一块白石头，石上刻着"告安汉公莽为皇帝"八个大字，这件怪事一下子就传开了。过几天又有人来报告说，某地的亭长做梦，梦见天使告诉他："摄政皇帝应当做真皇帝"。又有人来报告说，某地发现一只石牛，牛身上刻有王莽应当做皇帝的字样；又说在汉高祖庙里有一个铜箱，上面刻着"汉高祖让位给王莽"的字。当然，所有这些都是王莽手下人搞

小知识

符瑞： 符，代表事物的标记、记号；瑞，古代作为凭信的玉器。符瑞，吉祥的征兆，一般是指帝王受命前的预兆。

的鬼，但这时的王莽不再相让了，他说："既然高祖已经显灵叫我做皇帝，我不能再推辞，这是老祖宗的意思。"

王莽去向皇太后索取汉朝皇帝的玉玺，皇太后这才看清了他的野心，大吃一惊，不肯交出玉玺，后来被他逼得没法，气得把玉玺摔在地上。

公元8年，王莽正式即位称帝，改国号叫新，都城仍在长安。由汉高祖开始的西汉王朝，历时二百一十四年，到此结束。

由假皇帝到真皇帝，王莽煞费苦心，精心安排，终于达到了夺权的目的，真是用心良苦！

17

昆阳大战

　　王莽建立新朝后，企图实行一些复古的改革，却统统失败，加上连年天灾，逼得农民们走投无路纷纷起义，在南方和东方分别有绿林军和赤眉军揭竿而起。原

本是汉朝姓刘的皇室子孙刘玄及刘演、刘秀兄弟，率领地主武装部队，打出了反对王莽、复兴汉室的旗号，加入绿林军。

公元23年，绿林军发展到十多万人，他们推政治经验丰富的刘玄为皇帝，建立政权，仍然称汉朝，定年号为更始，历史上称刘玄为更始皇帝。从此，农民起义军也被改称为汉军。

刘玄命令刘秀和王凤率军打下了昆阳等三地，起义军英勇善战，势不可当。

王莽在长安接二连三收到战败的消息，眼见起义军已成燎原烈火，他决定孤注一掷，来挽救垂死的命运。他派大司徒王寻、大司空王邑征调四十二万人马，向昆阳杀来，企图收复昆阳等三地。历史上有名的昆阳大战爆发了。

为了助长声势，王莽还派了一个叫巨无霸的巨人当校尉，此人的力气很大，连野兽也打不过他。传说中他还能驯服野兽，因此王莽让他带了一批虎、豹、犀牛、大象等上阵助威。

当时驻守在昆阳的汉军只有九千人，见王莽大军浩浩荡荡开来，士兵们都退缩到城里。一些将领怕对付不了，主张放弃昆阳，退回原来据点。

刘秀镇定地对大家说："现在我们兵马和粮草都缺少，要靠大家齐心协力打击敌人才能取胜。如果大家散伙，昆阳一失守，汉军被消灭，那我们以往所做的努力就白费了。目前情况紧急，只有坚守，同时派人去调兵解围，来个内外夹攻，才能保住昆阳。"

大家都同意他的主张，决定由王凤留守昆阳，刘秀带一支人马突围出去讨救兵。当天晚上，刘秀带着十二个勇士，骑马趁黑冲出角门，他们逢人就砍，杀出一条血路，冲出了包围。

第二天，王莽的新朝军队就开始攻城了。四十二万大军把小小的昆阳城围了几十层。只见昆阳城外旌旗遍

小知识

更始：更新了汉朝的意思。

大司徒：汉朝官名，相当于宰相。

大司空：汉朝官名，改御史大夫为大司空，与大司徒、大司马并称三公。

野，尘埃遮天，军号战鼓声几十里以外都能听得见。王邑、王寻还调来了一批精良武器——云车、撞车和楼车。凭这些精良武器攻下这座小城真是不在话下。

新朝士兵从楼车上不断向昆阳城里射箭，箭像雨点一般落下来，城内百姓到井边打水也要背着门板挡箭。他们在用撞车撞城的同时，还挖地道想潜进城去。

王凤指挥的汉军紧闭城门，扼守险要关口。只要新军接近城墙，城上的滚石、木棍就会像冰雹似的打来，阻止他们入城。

昆阳城的汉军艰苦奋战，死守了一个多月，打退了新军一次次的进攻。

刘秀到了定陵和郾城两地，要把那里的人马全调到昆阳去。有些将领贪图安逸，不想离开这两地。刘秀劝他们说："现在我们集中兵力打退敌人，可以立大功。要是死守在此，敌人破了昆阳再打过来，大家就都完了。"将领们被说服了，决定带着人马去救昆阳。

刘秀亲自统领三千名敢死队向王莽军的中坚部队冲杀过去，他手中的长剑上下飞舞，兵士们越打越勇，三千人居然打退了王寻率领的一万人的部队，王寻也被乱刀砍死。

定陵

昆阳城守军看到刘秀率领援军开到，而且旗开得胜，士气倍增。王凤亲自擂响战鼓，城中守军冲杀出来，与援军前后夹攻敌人。

　　王邑见王寻被杀，自己腹背受敌，也无心恋战，骑着快马逃命了。新军士兵见主将逃走，全都慌了神，有的投降，有的逃跑，自相践踏而死的就有千人。

　　正在此时，天空中忽然乌云密布，狂风怒号，一阵电闪雷鸣后，下起了倾盆大雨。巨无霸带来助战的猛兽也吓得直打哆嗦，不但不往前冲，反而往后面乱窜。河水猛涨，与陆上的雨水连成汪洋一片。汉军一鼓作气追杀过来，许多新军官兵掉进了河里，据说尸体把河床都填平了。

　　在昆阳大战中，王莽的四十多万大军几乎全军覆没，只有王邑带着几千人逃回了洛阳。

　　与此同时，更始帝也率军攻下宛城，并将宛城定为临时国都。

　　不久，汉军攻进长安城。百姓们已经认清了王莽的真面目，纷纷响应，配合汉军一起攻入皇宫。王莽走投无路，躲进宫里的一座渐台，汉军把渐台围了好几重，等渐台上的兵士把箭射完了，就冲上前去捉住了王莽。大家认为王莽这个伪君子好话说尽、坏事做绝，就在处死他之前，先把他那骗人的舌头割掉了。维持了十五年的王莽新朝终于彻底灭亡。

　　起义军在取得胜利之后，却又发生了内乱，刘玄杀了刘演，后来赤眉军又杀了刘玄。而刘秀则在黄河以北站住脚跟，于公元25年自立为光武帝，以洛阳为都城，历史上称为东汉或后汉。最后，光武帝出兵镇压了绿林军和赤眉军等农民起义队伍，统一了天下。

小知识

渐台：四面是水的楼台。

18

董宣 硬颈县令

汉光武帝建立东汉之初，由于多年战乱和灾荒，社会经济萧条。光武帝采取休养生息的政策，减轻捐税，减免官差，精兵简政，发展生产，因此经济得到了恢复，逐渐繁荣，史称"光武中兴"。

光武帝知道打天下要靠武力，但治理天下还得注重法令。他带头遵守法制，并鼓励官吏认真执法。但是要用法令去约束皇亲国戚，就不那么容易了。

因为光武帝刘秀出身地主，他的亲戚也都是拥有大量田产的豪族地主，他们为了扩充自己的势力，常常结交一些亡命之徒。一些人犯了罪往这些地主家一躲，就能逃过衙门的追捕。这些大地主所建立的巨大田庄就像是一个个独立的小王国，他们横行霸道，不受法制约束。

但是，当时也出现了一些执法严明，敢于跟皇亲国戚、豪强地主的不法行为作斗争的官吏，他们甚至不怕丢掉自己的乌纱帽和性命，也要维护国家法律的尊严。外号叫作"强项令"的董宣，就是其中最出名的一个。"强项"就是"硬颈"的意思，我们不妨叫他作"硬颈县令"吧。

董宣是个刚直不阿、执法严明的清官。

他在做地方官时就已经很出名了。当时有一个大地主新建了一所富丽堂皇的住宅，房子完工后，看风水的说新房触犯了凶神，住进去一定会死人。地主就叫儿子在门口站着，将过路的人随便抓几个来杀了，埋在住宅

小知识

亡命之徒：不顾性命，作恶多端的歹徒，或指逃亡或流亡在外的人。
乌纱帽：比喻官位，也叫乌纱。古代的官帽用黑纱缝成。

里祭祀凶神以避灾。这个大地主在当地财丰势大，谁也不敢管他。但董宣却不同，他把情况了解清楚后，立即派人抓来地主父子俩判处死刑，并且立即就地执行。此事使当地一些豪强地主大受震动，从此不敢再随便杀人了。

后来董宣被调到洛阳担任县令，他办得最出色的案子就是严惩了湖阳公主的管家一事，他"强项令"的称号就是那时候得来的。

湖阳公主是光武帝刘秀的姐姐，也是个大地主，在洛阳城内外都有庞大的田庄和住宅。家里奴婢有上千人。她的管家仗势欺人，无恶不作，一次大白天杀了人，触犯了法律。他怕董宣治他的罪，就躲在湖阳公主家里，靠着公主的庇护，逍遥法外。

董宣知道了此事，十分愤慨，决心要把犯人抓起来，依法治罪。可是他不能进公主府去搜查，就天天派人在公主府门口守着，只等那凶手出来。

机会终于来了。一天，湖阳公主因事外出，带了一大群家奴婢仆。那管家以为风头已过，也跟随着出门。董宣得到消息后，就亲自带着衙役赶来，在途中拦住了湖阳公主的车。

董宣把刀往地下一指，大声对公主说："禀告公主，您的管家横行霸道，杀了人，犯了法，应当判处死罪，请您把杀人犯交出来！"

湖阳公主见董宣胆敢拦她的车，简直是触犯了她的尊严，使她丢了面子。她便把脸一沉，很不高兴地说："董宣，你身为县令，不要乱说一气，我的管家怎会杀人？有证据吗？"

董宣说："证据确凿，证人都在，我是经过调查的，可以找人来作证！"

公主没话可说，立刻换了语气："就算他真的杀了人，看在我的面上，饶了他这一回吧！"

董宣严肃地说："公主不应为他求情，难道公主的管家就可以不遵守皇上的法律？公主如果包庇罪犯，要受连坐的制裁！"

小知识

衙役：衙门里的差役。

硬颈县令董宣　　137

董宣一声令下，衙役们就把那凶犯揪了出来，当场处决了。

湖阳公主差点气昏过去，她立即到宫里向光武帝告了一状。光武帝听说董宣对他姐姐这么无礼，也很生气，立即把他找来，当着公主的面吩咐手下把董宣乱棍打死。

董宣不慌不忙地说："叫我死，可以。但是让我先说几句话！"

光武帝说："你死到临头，还想说什么？"

董宣说："陛下贤明，才能中兴汉朝，还制定了法令，鼓励官吏认真执法。我无非是公正地执行了法律，却要断送性命。陛下自己破坏法律，怎么向百姓交代？怎么治理好国家呢？您不必打我，我自杀就是了。"说完他就一头向殿内的柱子撞去，头破血流。

光武帝心中也觉得自己理亏，他急忙叫人把董宣拉住。但为了照顾姐姐的面子，他叫董宣给湖阳公主磕个头赔个不是，就了结此事。

董宣不服气，不肯磕头。光武帝叫人把董宣拉到公主面前，按着他的脑袋叫他下跪磕头。董宣坐在地上，两手撑地，挺着腰杆，死也不肯低头。

光武帝见了哈哈大笑："你这个强项令，真拿你没办法！"他对公主说："董宣是为了维护国家法律才这样做的，我不能处治他，你再找个能干的管家吧！"

过了几天，光武帝为了表彰董宣执法如山的作风，奖给他三十万钱，董宣把这钱全都分送给衙门里办事的人。从此"强项令"的名声便传开了。

19

白马驮来了释迦牟尼

汉光武帝在位时，为了巩固统治，大力提倡儒家的孔孟之道。他非常尊重读书人，在京城办了一所太学，设立了五经博士，让一些熟读经书的人在里面讲学。儒家的忠孝节义等学说，对维护封建的专制统治起了很大作用。光武帝死后，儿子刘庄即位，称汉明帝。

一天晚上，汉明帝梦见一个又高又大的金人，头顶上围绕着一道耀眼的白光，使他显得十分威武尊严。这个金人绕着大殿飞行，忽然升上天空，往西飞走了。

明帝醒来，猜不透梦中的金人代表什么，这个梦是吉兆还是凶兆。

第二天早晨上朝时，汉明帝就把这个梦讲给文武大臣听，请他们帮他圆梦。

大臣们听完了这个梦，你看我，我看你，谁也说不出个所以然来。最后，刘庄的兄弟，被封为楚王的刘英开口说："皇兄，您大概梦见佛了。我听西域来的佛教大师说，佛高一丈六尺，通体是黄金的颜色，头上戴有日月的光辉，这不跟您梦见的金人一样吗？"

博士傅毅也说："天竺有个神，名叫佛，陛下梦见的准是天竺的佛。佛给您托梦，这是吉祥的预兆。陛下要斋戒沐浴，并派人到西域天竺国去取经求佛。"

他们所说的佛，就是佛教的创始人释迦牟尼。他大约出生于公元前565年，生于贵族之家，过着养尊处优的日子。但是他不满意自己的生活，觉得人世间充满着

圆梦：分析、解释梦。

天竺：是古代中国对今日印度和巴基斯坦等南亚国家的统称，《史记》上也称为身毒，是梵文的音译。《后汉书》中记载"天竺国"一名身毒。

生、老、病、死的痛苦，应当想办法解脱。二十九岁那年，释迦牟尼离开了自己的双亲和妻儿，出家去修道。他在一棵菩提树下冥思苦想了七年，终于大彻大悟，进入了一个至高无上的精神境界，成了"佛陀"，创立了佛教。他到处宣传佛教的道理，传教四十多年，收了不少信徒。佛教成了印度的一大宗教。他死后，他的弟子们把他生前的学说记载下来，编成书，就是佛经。

佛教的重要教义是因果报应的"轮回"，意思是人如果一世行善积德，来世就会有好结果，而且子孙也能受惠，这种思想，很易被一般老百姓所接受，也符合统治者的需要。

刘英和傅毅的话引起了汉明帝的好奇心。他就斋戒沐浴，郑重其事地派郎中蔡愔（yīn）和秦景等人，带了黄色和白色的上等丝绸，到天竺国去取经求佛。

蔡愔和秦景等人经过长途跋涉，终于来到天竺国，找到了高僧，向他们介绍了汉朝的情况以及汉明帝要取经求佛的愿望。高僧们认为汉明帝派人不远万里前来取经，确是出于虔诚的心情，就派两位沙门带着许多贝叶经，到中国来讲经传教。

公元67年，蔡愔和秦景带着两个沙门，用白马驮着佛像和四十二章佛经，从西域回到了洛阳。

汉明帝虽然不懂佛教，但对沙门很尊敬。他下令在洛阳城的西面，按照沙门提供的图样修建了一座佛寺，取名叫白马寺，并把送经的白马也供养在那儿，这是中国的第一座佛寺。两位沙门就住在寺内把贝叶经翻译成汉文。

自此以后，佛教就在中国广泛传播开了。后来，有些佛教徒和皇室人员对佛教进行了一些改造，把中国儒家的孔孟之道也融入进去，使它变得更符合中国的风俗习惯。所以现在流传在中国各地的佛教是一种中国式的佛教，而佛像上的释迦牟尼，老家却是在亚洲西部的印度，是由一匹白马驮到中国来的！

小知识

轮回： 佛教认为有生命的东西永远像车轮运转一样，在天堂、地狱、人间等六个范围内循环转化，所以人有前世和来世。

沙门： 出家佛教徒的总称。

贝叶经： 写在贝叶上的佛经。贝叶是贝多罗树的叶子，此树盛产于印度、缅甸、马来群岛及热带非洲。常绿乔木，高十多米，茎上有环纹，叶子大，宽阔坚韧，可做扇子，也可代替纸用来写字。

20

班超投笔从戎

汉明帝时，出了一位著名的人物班超。他有过人的智慧、出色的外交手腕，对重新维系和增进同西域各国人民的友好关系，起了重大的作用。

班超是大学问家班彪的儿子。光武帝建立东汉后，请班彪整理西汉的历史。班彪有两个儿子，分别叫班固和班超，一个女儿叫班昭，他们从小就跟父亲学文学和历史。

班彪去世后，汉明帝任命班固为兰台令史，继续完成历史书的编写工作。班固和妹妹班昭终于写成了《汉书》。

当时家境贫困，班超只好到衙门去抄写公文信件，但他心怀远大的志向，不甘心自己的一辈子就这样庸庸碌碌度过，总想在军事方面为国家做些贡献。

有一天，他抄完了一卷公文，突然烦恼地把手中的笔一扔，叹口气说："男子汉大丈夫应该像张骞那样，在异域立功，怎么能老是在笔砚之中过日子呢？"

就这样，他决心抛弃文书工作去从军。公元73年，他投到大将军窦固门下，跟他去攻打匈奴。班超作战勇猛，屡立战功。

战争结束后，窦固想采用汉武帝的办法，派人联合西域各国共同对付匈奴。他很赏识班超的才干，就报请汉明帝批准，任命班超为假司马，出使西域。

班超等一行三十六人长途跋涉来到鄯善。鄯善国这几年被迫向匈奴纳税进贡，很不满意，见到汉朝的使者来到，便殷勤地招待他们。

但是没过几天，鄯善王对他们的态度忽然冷淡了起

小知识

《汉书》：一部记载汉朝历史的书，是中国历史上继《史记》后另一部历史名著。

鄯善：鄯，音同"善"。西域一个较大的古国，隶属今新疆吐鲁番市。

来。班超对随从说："我看一定是匈奴的使者来了，所以鄯善王举棋不定，冷落了我们。"

正巧鄯善王的仆人送酒菜过来，班超装着早就知道的样子说："匈奴的使者已经来了几天了，怎么一直没看见？他们住在哪里？"

这本是保密的事，仆人料不到他有如此一问，吓得目瞪口呆。经不起班超再三追问，他就一五一十全讲了出来。班超怕他走漏消息，先把他关了起来，然后召集三十六人共谋大计。

班超说："如果我们不采取措施，鄯善王畏惧匈奴，很可能会把我们抓起来送给匈奴，我们的尸骨也回不了乡哩！怎么办？"

同行人都说："你说怎么办就怎么办吧！我们听你的。"

班超说："好，不入虎穴，焉得虎子！现在只有趁早杀了匈奴使者，才能逼得鄯善王对汉朝友好。"大家一致同意，就分头去做准备。

当天晚上，大风呼呼地刮着，班超率领众人偷袭匈奴使者帐篷。他吩咐十人拿着锣鼓躲在帐篷后面，二十人手持武器埋伏在帐篷前边，他自己带了几个人顺风点火，并冲进帐篷先把使者和他的贴身随从杀了。

火一烧起来，帐篷后的人就擂鼓呐喊，匈奴人惊醒后纷纷逃出来，被埋伏在那儿的二十人一一解决。一共杀死匈奴人三十多个，烧死一百多个。

鄯善王吓得连忙同意向汉称臣。班超有勇有谋，行动果断，顺利完成第一次任务，汉明帝提拔他做军司马，也派他出使于阗，本来想叫他多带些人去，可是班超说："人多了反而麻烦，三十六人足够了。"他仍是带了上次的三十六人去。

于阗王见班超的随从很少，对他很冷淡。班超劝他脱离匈奴，与汉朝友好，于阗王很犹豫，说是要请教巫师。巫师反对与汉友好，对于阗王说："你结交汉朝会触怒神的，快去把汉朝使者骑的马讨来宰了祭神，神会

小知识

不入虎穴，焉得虎子：不进入老虎窝，怎能捉到小老虎。比喻不冒危险，不能成事；或是不经过最艰苦的实践，不能取得重大成就。

于阗：阗，音同"田"。古代西域王国，今新疆和田。

饶恕你的。"

于阗王真的去向班超讨马,班超说:"我这匹骏马很珍贵的,巫师亲自来拿我就给。"

巫师神气活现地来了,班超二话不说,一刀砍下了巫师的头,责备于阗王不识时务,不讲友好。于阗王早就听说了班超在鄯善的事,只得乖乖称臣,还主动杀了匈奴派驻在那里"监护"的使者。

班超继续到其他西域国家去游说,经过他的努力,西域五十多国全都归附了汉朝。

班超被任命为西域都护,负责监视匈奴,保护西域各国。当东汉政府要调回他时,西域人民都不愿他走,有的甚至抱住马腿来挽留他,班超只好不违民意,继续留在西域生活。从公元76年至102年,班超在西域的近三十年间始终控制着局势,使西域与汉朝保持着友好关系,同时,汉朝与西域之间的丝绸之路又重新畅通,开展了经济、文化等各方面的交流。班超的一生功业,确实值得后人大书特书。

都护:即总监护,西域都护即驻在西域地区的最高长官。

21

孔融的几个
小故事

汉明帝和章帝在位的三十年间，东汉社会比较稳定。但是自汉和帝起，即位的皇帝都年幼，由太后执政，形成外族专权的局面；皇帝长大后就依靠身边宦官的力量扑灭外族势力，权力转入宦官手中；以后外戚集团又利用皇帝对宦官的不满，卷土重来。如此，东汉朝

小知识

宦官：君主时代宫廷内侍奉帝王及其家属的人员，由阉割后的男子充任，也叫太监。

廷上就出现了外戚与宦官争权的恶性循环，国势就此一蹶不振了。下面我们要讲的孔融的故事，就发生在外戚和宦官争权的年代。

孔融是孔子的后代，相传是孔子第二十世孙。他们兄弟七人，孔融排行第六。这几个孩子从小熟读四书五经，受到良好的教育，孔融尤其聪明伶俐，明白事理，很受疼爱。

孔融的老家经常有人送些应时的瓜果来，其中最受欢迎的是山东的莱阳梨，这种梨皮薄、肉厚、汁多，孩子们都很喜欢吃。

奇怪的是，孔融不像他的几个兄弟，每次吃梨的时候，都一拥而上，各自挑选最大的梨吃，孔融却从不和弟兄争夺，当他拿梨的时候，总是挑选一只最小的。

他的妈妈发现了这件事，觉得很奇怪，以为孔融不爱吃这种梨。有一次就问他了：

"融儿，你不爱吃这种梨，是不是？"

"不，妈妈，这种梨很好吃，我很爱吃。"

"那为什么你每次都拿小的，不拿大的呢？"

孔融说："妈妈，我年纪小，当然应当吃小的，大的让哥哥们吃。"

妈妈听了很吃惊，想不到年仅四岁的孔融那么懂事。他的哥哥们听了也都很惭愧，就此养成兄弟间谦让的风气，再也不争吃大梨了。

孔融长到十岁那年，正是朝中宦官得势横行的时候，当时的司隶校尉李膺不畏权贵，严惩犯了法的两个宦官，因此与宦官结了仇，但他在知识分子中的声望却更高了。他们认为李膺是反对宦官乱政的中流砥柱，读书人的精神领袖，纷纷前来拜见他。

一天，孔融跟父亲到京城去玩。孔融很景仰李膺，佩服他的为人，想去拜访他。但李膺家门禁森严，除了名人及极要好的朋友以外，一律不接见。

孔融来到李膺家门口，对门吏深深一鞠躬，说道：

小知识

司隶校尉：负责纠察京师百官及附近各郡的官吏。

中流砥柱：中流，河流中间；砥柱，山名，原为河南三门峡东的一个石岛，屹立于黄河急流之中。比喻能担当重任，起支柱作用，支撑危局的人或坚强力量。

"我是李相公的通家子弟，特地来拜见相公，请你代为通报。"

门吏从没见过孔融，但见这十来岁的孩子彬彬有礼，就代为引见。

李膺见了孔融，问了他的名字后说："是不是你的祖父认识我？"

孔融回答说："不是，但是先祖孔子与您的先祖李耳是好朋友，那也就算得上是通家世交了。"

李膺一听哈哈大笑，很佩服孔融的聪颖机灵，连声说："有道理，说得有道理！"

正好李膺有个朋友来访，李膺就笑着把这件事告诉他，说："瞧这孩子多聪明啊！"

那朋友随口说："小时了了，大未必佳。"

孔融眼珠一转，马上接口说："先生，我看你一定也是'小时了了'的吧。"

那朋友尴尬得脸上红一阵白一阵，李膺听了大笑不止："高明，高明，这孩子将来一定有出息！"他越发喜欢孔融了。

没过多久，宦官集团看到包括外戚在内的世家豪族和太学生联合起来结成党派反对宦官，就写诬告信给朝廷，由皇帝下令开始了对党人的大捕杀，即历史上有名的两次"党锢之祸"。

孔融年纪虽小，但很明事理，对宦官的胡作非为很看不入眼，心中很同情被迫害的党人。

当时被迫害的人中有一个名叫张俭的，因为他在山阳一地做督邮时，曾经上书告发当地大宦官侯览依仗权势强抢民女和侵占土地的事，并没收了侯览强取到的资产，侯览就唆使张俭的一个同乡，诬告张俭串同二十四

小知识

通家：指两家交谊深厚，如同一家。

李耳：春秋时期思想家，道家的创始人，习惯上称他为老子。

小时了了，大未必佳："了"意为明白。指人小时聪明，大了未必有出息。

党锢之祸：宦官们把这批党人释放了，但不许留在京城，一律回老家，并把名字通报各地，罚他们一辈子不得做官。锢，即禁锢、限制的意思。

督邮：汉代各郡的重要属吏，代表太守督察县乡，宣达教令，兼狱讼捕亡等事。

人结党谋反，朝廷下令捕捉张俭等人，张俭到处逃亡，他逃到哪里，哪里的百姓就接待和掩护他。张俭和孔融的哥哥孔褒是朋友，一天，张俭被宦吏追得无路可走，就逃到孔家敲门。

那天正好是孔融去应门，张俭问他："孔褒在家吗？"

孔融回答说："哥哥不在家。"

张俭因与孔融不熟，不想连累他，转身就要离开。孔融见他失望、忧虑的样子，猜出是有人在追捕他，便唤住他："等一等，我哥哥不在家，我也可以做主的，请进来吧！"

孔融把张俭安顿在内室，并禀告了母亲。孔褒回来后夸奖孔融做得对。兄弟俩把张俭留了好几天，后来张俭设法逃到塞外去了。

衙役接到线报说张俭躲在孔家，便气势汹汹来抓人，没捉到张俭，就把兄弟俩抓了去。

在衙门里出现了弟兄争相认罪的一幕：

孔融说："是我把张俭藏起来的，哥哥并不知道，应该定我的罪！"

孔褒说："不对！张俭是我的朋友，他是来找我的，他根本不认识我弟弟。应该抓我！"

地方官正在吃惊时，孔老太太也赶来了，她用身子挡着弟兄俩，对地方官说："我丈夫过世了，我是一家之主，一切由我负责。这两个孩子懂什么！要关就关我吧！"

一家三口竟争着认罪坐牢！地方官决定不了，只能报到朝廷去判决。最后判下来由孔褒坐牢，释放了孔母和孔融。

孔融品德高尚，学问又好，后来当了很大的官，他的文学修养尤其好，被后人誉为"建安七子"之一。

建安七子：建安为汉献帝年号。建安时代，因为曹操父子都是文学家，提倡文学，爱护文人，因此文学繁荣，形成一个以三曹七子为中心的文人集团。三曹即曹操、曹丕、曹植；七子是孔融、陈琳、徐干等七人。

孔融让梨的故事我们都很熟悉了，但是具有高尚品德的孔融长大后的事迹却不为人所知道，这是为什么呢？

孔融让梨一直是作为教育我们弟兄之间要互相谦让、互助友爱的范例。这里还介绍了孔融少时独闯名人李膺家、与讥笑他的人从容对答，以及庇护了受迫害的党人之后与哥哥及母亲争相认罪受罚的事。这三个故事都说明了孔融自幼是个知书识礼、聪明机智、正直勇敢的孩子，讥笑他的人说"小时了了，大未必佳"，但有眼光的李膺却说他锐气尽出，将来肯定能成大器。果然，日后孔融以博学才俊出了名，当了官，但他的仕途不顺利，因为他嫉恶如仇，举报贪官污吏，遭人排挤。他当中郎将时因出言公正，被董卓怀恨在心，派去管理北海。汉献帝时孔融被封为太中大夫，他忠于汉室，言论往往反传统，多次反对曹操的意见，如反对恢复肉刑，主张不封诸侯等，后激怒曹操，被以"图谋不轨、诽谤朝廷"等罪名而处死。

正因为曹操加给孔融身上的罪名很重，所以当时的史学家和文人都不敢为孔融立传，连《三国志》中也缺了他这位孔子后代、天下名士的名字；他的作品也大部分流失，所以后人都不了解孔融成人后的情况。直到最近，人们对孔融的文学才能和政治品格才有了公正的评价。

22

黄巾起义

东汉后期，宦官和外戚争权夺利，汉灵帝昏庸无能，以致贪污成风，王朝腐败；加上全国连年闹水灾、旱灾和蝗灾，广大百姓没有了活路，只有奋起反抗。中国大地上又燃起了起义的烈火，大大小小的农民起义爆发了百余次，都先后被镇压下去，但是更大的起义在酝酿中。

巨鹿郡有弟兄三人——张角、张宝和张梁，三人都很能干，还乐于帮助别人。老大张角读过书，懂些医道，他免费替人看病，治好了不少人，很受人们的尊敬。

张角眼见老百姓生活在水深火热之中，很想把他们从痛苦中解救出来，让大家生活在安乐的太平世界中。他决定用宗教来团结大家，便创立了一种教，叫"太平道"，自称"太平道人"，一边为人治病，一边传教和宣传革命思想。张角又收了些弟子，并派弟子和他的两个弟弟张宝和张梁周游全国去传道。穷苦农民只想摆脱贫困的生活，盼望不愁吃穿的太平日子，所以纷纷信奉太平道，把张角看成是自己的救星。大约花了十年的时间，太平道传遍全国，信徒发展到几十万人。张角把他们组织了起来：八个州的信徒分为三十六方，每方有六七千人到一万人，各有首领，由张角统一指挥。

张角还制定了十六字起义口号："苍天已死，黄天当立，岁在甲子，天下大吉"。定在甲子年，即公元184年的3月5日，八个州同时发动起义。

小知识

苍天：苍天是指东汉。
黄天：黄天是指起义军要创造的天下。

张角还叫人在洛阳和地方的官府门上用白土写上"甲子"两字，标明这些衙门到时候就会改换主人，以此来鼓舞斗志。

　　张角手下最得力的弟子马元义先到洛阳部署起义。不料在预定起义日期的前一个月，由于叛徒写信给官府告密，起义的消息被泄露了。官府逮捕了马元义和一千多个起义者，在洛阳街头当众杀害，鲜血染红了几条街道。政府还下令逮捕张角。

　　事态严重，起义面临夭折的危险。张角当机立断，通知各地的组织立即发动起义。

二月的一天，三十六方同时起义，起义军用黄巾裹头，作为"黄天"的标志。张角三兄弟分别为天公将军、地公将军和人公将军，共同指挥战斗。

起义军攻打郡县，火烧官府，打开监狱释放囚犯，打开粮仓为穷人分粮，严惩贪官污吏和土豪劣绅……黄巾军似熊熊烈火烧毁着腐朽王朝。不到十天，全国各地纷纷响应，起义军从四面八方向洛阳涌来。

各地告急文书像雪片般飞向京都，汉灵帝慌忙召集大臣商量对策。后来决定派出两路大军前去镇压起义，同时下令各州郡自己招募人马对付黄巾军。这样一来，各地宗室贵族、州郡长官、地主列强都借机扩张势力，争夺地盘，把国家搞得四分五裂。

老奸巨猾的皇甫嵩率领的政府军见黄巾军结草为营，就用火攻的办法烧营，使黄巾军大受挫折。

张角兄弟率领的黄巾军一直很顺利，可惜在战斗的关键时刻张角因劳累过度而卧床不起，他在临终时望着自己的兄弟和信徒突然高声喊道：

"苍天已死，黄巾不灭；万众一心，天下大吉！"

这位一心为民除病，指望天下大吉的起义军首领壮志未酬，死不瞑目。

政府军趁机向黄巾军加强进攻，张梁、张宝带领将士与敌人殊死搏斗，终因势单力孤而先后英勇牺牲。

黄巾军的主力虽然被东汉政府镇压了下去，但是各地的黄巾军化整为零，坚持战斗达二十年，沉重打击了东汉朝廷的统治，东汉已是名存实亡了。

小知识

郡县： 郡和县的合称。郡县制形成于春秋战国时期，是中央管理之下的两级地方行政制度，有利于维护国家统一。秦汉时期的郡和县有统属关系，郡的下一级机构是县或道，据汉顺帝时的记载东汉共有105个郡。郡守和县令都是皇帝直接任免的。

23

中国人的宗教

大家知道，在宗教信仰方面，西方国家有基督教，亚洲流行佛教，中东阿拉伯一带有伊斯兰教。那么，中国人的宗教是什么呢？有人说是佛教。佛教虽然在中国有众多信徒，流传很广，影响很大，但它不是中国本土的宗教，而是产生于印度。其实中国有其固有的传统宗教，那就是道教。

道教以"道"为最高信仰，认为"道"是化生万物的本原，这里是指经过修炼成神仙的道路和方法。

世上的人们都希望自己能活得快乐，能长生不老，好似传说中天上的神仙一般。怎样能做到这些呢？自古代起就有人从事这方面的研究，有的人主张静心修炼成仙，有的人专攻研究炼制仙丹服用。连秦始皇也在修筑了阿房宫后，一心要延长寿命尽情享受，曾多次遣人炼"仙人不死之药"，并两次派徐福出海东渡去找仙丹。那些吹嘘炼丹术的方士们也借此赚了达官贵人的不少钱财。

东汉末年有一个叫张道陵的太学生，专门研究儒家学说，又喜欢思考问题。他觉得儒家思想是教人从善，统治者以仁政管理好国家，老百姓循规蹈矩、严守本分，这样可以使天下太平。但是怎样才能使大家活得长久些，快活些呢？儒家学说并没有解答这个问题。

张道陵对这个问题很感兴趣，他毅然放弃了学习儒学，从江南来到四川的鹤鸣山修道，学习和研究可以使

小知识

炼丹术：中国古代方士的法术。"丹"即丹砂，将丹砂放于炉火中烧炼药石的，叫外丹；以静功和气功修炼精、气、神的，叫内丹。

太学生：中国古代的大学生，太学是传授儒家经典的最高学府。

鹤鸣山：也叫鹄鸣山，今四川省崇庆境内。

人长生不老的神仙法术。

张道陵以先秦道家老子的《道德经》为经典，把老子提出的"道"作为根本信仰，拜老子为教主，结合中国古代的巫术和求仙方术，并吸收了巴蜀民间的原始信仰，创造了"五斗米道"，这是道教的起始。为什么叫这么一个奇怪的名字呢？原来张道陵规定，凡是入教的人都要交五斗米，作为对教会的捐献。

张道陵在四川广泛传道，并著书立说。因为他宣扬的是多多行善，就能长生不老，修炼成仙，所以很受中下层人民的欢迎。人们在今世挨罪受苦，信了教后就能逆来顺受，多做好事，以求得心灵上的满足，日后可以成仙，过神仙般的快活日子。

基督教认为上帝是唯一的真神，伊斯兰教徒则奉阿拉为真神，佛教的神是释迦牟尼。道教却不同，他们认为只要认真修炼自己，努力行善，人人都有机会得道成神仙。传说张道陵的两个徒弟修炼到家后，曾服用了长生不老仙丹，在众目睽睽下冉冉升上天成仙了。

张道陵还用古代的巫术替人治病。他治病不用药，而是在纸上画一些奇形怪状的符号，念一些谁也听不懂的神秘咒语来驱逐病魔；又传说他会一些法术，能为百姓捉妖避邪，教人化凶为吉，延年益寿。

张道陵死后，他的儿孙继续传道。孙子张鲁曾占据汉中地区，建立了政教合一的政权，自称是"师君"，使五斗米道广为传布。张鲁治理地方很有办法，三十年内使汉中成为一个民生安定的地区，他曾在管辖区内设了一些免费的旅舍，过路旅人可以随便去投宿和取食酒肉。他又提倡道徒间实行互帮互助，团结友爱，所以信道的贫苦农民很多。

后来，张鲁的儿子张盛正式尊张道陵为张天师，奉他为道教创建人，所以张道陵创建的"五斗米道"也被称为"天师道"。老子则被奉为主宰宇宙万物的最高天神，被称为"太上老君"。

至今我们还可在全国各地见到多座道教名山，如东岳泰山、南岳衡山、西岳华山、北岳恒山和中岳嵩山，这些山上都有无数座道教庙宇。

24

纸是怎样发明的？

　　纸，在我们生活中无处不在。要写字了，随手拿起一张张的白纸，把字写在上面，既方便又美观；要看书了，手中的书也是由印着字的纸一页页装订而成的，既轻巧又灵便。在我们看来，纸是太普通的不值钱的东西。你有没有想过，假如我们生活里没有纸，将会怎么样？就是这薄薄的一层东西，当年我们的祖先在设法得到它时，却是煞费苦心！

　　纸的发明，只是一千多年前的事。在这之前的漫长日子中，我们的老祖宗是没有纸用的。

　　最早的时候，人们把文字刻在龟甲、兽骨和青铜器上，那时候使用的是甲骨文和金文。

春秋时期，笔出现了，人们就刀和笔并用，把字刻或写在竹简、木牍上，串起来成册。你看，"册"字不正是被串在一起的小片片吗？

这种竹、木的文字书沿用了好几千年，在发明纸之前一直是我国主要的书写工具。你可以想象到，用这样笨重的材料来写字，是多么不方便。据说西汉有个文人叫东方朔，给汉武帝写了一封建议书，用了三千多根竹简，由两个大力士汗流浃背地抬进宫去。《庄子·天下》记载："惠施多方，其书五车。"所以有了"学富五车"的典故。

人们发明了毛笔以后，就在丝帛上写字，叫作"帛

小知识

金文：古代铜器上铸或刻的文字，也叫钟鼎文。

竹简、木牍：古代人把竹子或木板劈成狭长竹木片，经过刮削修整，用来在上面书写文字，这种竹片、木片就叫竹简、木牍，用绳子串起叫册。

学富五车：形容读书多，学问深。

书"，帛书可以卷起来，携带方便。所以现在人们还把"卷"作为书的计数单位。

可是，丝帛很贵，一般人用不起，只有皇室贵族才用。

西汉时，出现了一种麻制的纸，是用植物纤维造纸的开始。但是这种纸很粗糙，不能用来写字，只能用以包裹东西或作衬垫等。

所以，人们迫切需要一种比丝帛便宜、比竹木简轻便的材料来作书写材料。东汉人蔡伦经过多年研究，终于解决了这个问题。

蔡伦是东汉桂阳人。汉明帝末年，他来到京城洛阳，进宫当了太监。他很聪明，又有学问，心灵手巧，所以后来调他去掌管宫廷的手工业作坊，监制各种兵器。他精于制造，产品的质量都很好，皇帝很信任他。

他看到当时书写很不方便，决心研究改良造纸的方法。

蔡伦仔细研究前人造麻纸的经验，发现主要原理是把麻的纤维捣烂，压成薄片，但因工艺简单，所以造出来的纸很粗糙。他就把工艺做得精细些，把麻捣得很烂很细，如此压出来的纸细腻得多，但麻本身有些纤维压不碎，而且成本很高。

蔡伦进一步想，麻能造纸，是因为它有纤维，那能不能用其他含纤维的廉价物品来代替呢？他用破布、破渔网、树皮，麻头等不值钱的东西作原料，做出的纸成本是低了，但里面仍是有一些捣不烂的纤维，使纸不够光洁，还是不能写字。

后来蔡伦又在纸浆里加上石灰作腐蚀剂，并使纸浆

漂成白色。最后他把纸浆兑了水调稀，倒在大木槽里，然后用细帘子去捞浮在上面的细纸浆，这层细薄又均匀的纸浆晾干后揭下来就是一张洁白细腻的纸。公元105年，蔡伦终于制出了又便宜又可书写的纸。

蔡伦把制出的纸献给朝廷，汉和帝见了十分高兴，要他继续改良，并扩大造纸规模，推广到全国各地。

后来，汉安帝为了表彰蔡伦对造纸技术的贡献，封他为龙亭侯，所以人们把他监制的纸叫作"蔡侯纸"。

纸是文房四宝中最后发明的一种。到了公元三至四世纪，它已取代帛和简，成为我国唯一的书写材料了。纸的发明，对保存古代文化遗产，发展、交流科学和文化，起了很大的作用。

蔡伦改进的造纸法最先在公元三世纪传到东面的朝鲜，公元七世纪由朝鲜传到日本；八世纪时经中亚传到阿拉伯，十二世纪后再由阿拉伯传到欧洲，十六世纪时又传到了美洲。中国四大发明之一的造纸术终于传遍全世界，为世界文化发展做出了重大贡献。当年蔡伦不断钻研、不甘心失败、精益求精的研究和实践精神，是值得我们后人好好学习的。

小知识

文房四宝：指笔、墨、纸、砚，是书房中常备的四种东西。

四大发明：造纸术、印刷术、指南针和火药，都是中国人发明，然后相继传入世界各地，是中国对于世界文明的四大贡献，通称四大发明。

古为今用的造纸工艺

关于蔡伦造纸的传说有很多个版本。这些故事在民间相传，深入人心。可贵的是：从中我们不仅看到了古人惊人的智慧和创造力以及坚韧不拔的钻研精神，而且这些故事有极高的科学价值。因为传说中都谈到了蔡伦造纸的一些技术问题，造纸过程中的挫、捣、焙几个基本环节至今仍然是大机器生产纸张的主要技术环节。

何况，目前中国很多地方还保留着这样的手工造纸方式，即土法造纸，指不用机械或只用非常简单的机械的方法来制作一些具有特殊用途的纸张。这种传统手工造纸有一整套生产工序，不管采用什么原料，基本上几个步骤都是大同小异：泡料、煮料、洗料、晒白、打料、捞纸、榨干、焙纸。制出的手工纸约有二百多种，分为文化用纸（供书画用的宣纸等）、生产用纸（鞭炮用纸、纸伞及纸扇用纸等）、卫生用纸和祭祀用纸（焚烧时会卷曲的黄表纸等）四大类。四川夹江手工造纸博物馆和云南高黎贡手工造纸博物馆全面展示了手工造纸的工艺和文化，具有很高的历史、文化和科学价值。造纸这一工艺，是古为今用的极好范例。

25

探究天地的张衡

你是不是常常会坐下来思考一些问题，比如说望着天，就会想：天究竟有多高，有多大？星星能不能数得清？看着地，就会想：地球为什么是椭圆的？地球为什么会自转和公转？为什么会有地震？思考是研究的前奏。张衡就是因为常常思考这些问题，探究这些问题，才有了重大的发明，成了伟大的科学家。

公元119年，洛阳城里如同平常一样，车水马龙，人来人往，熙熙攘攘，好不热闹。

突然之间，地动山摇，房屋哗哗地倒塌了，地上裂开大缝，把人畜吞噬了；人们惊慌地四散奔逃，被砖瓦击中的人们凄声号哭，死伤无数。

　　震动停止以后，人们含着眼泪收拾破碎的家园，埋葬死亡亲属的尸体。与此同时，人们也在纷纷议论着：鬼神显灵了，上天发怒了，特意降祸于人间，要去宗庙祭祀，要宰牛杀羊拜神，才能消灾避祸。

　　太史令张衡的心情极不平静。眼见百姓受到的灾难，他痛心、叹息，但他不信鬼神，他知道这地震是一种自然现象，不是任何人或神能控制的，但能否准确地测到地震，甚至能在事先预报给大家呢？

　　从公元92年开始，洛阳和陇西一带已发生过多次大地震。每次地震发生后，地方官都要立即向京城报告，由太史令张衡把情况记录下来，所以张衡手头有着很详细的资料。他将这些记录下来的历次地震现象经过细心考察和多次试验，终于在公元132年发明了一个测报地震的仪器，叫作地动仪。

小知识

太史令：官名，掌握天文历算、观测记录天文气象的官员。

地动仪是用青铜制的，形状像一只大酒坛，内部安装了机关，四周镶着八条龙，龙头朝着不同的方向。龙嘴是活动的，内含一颗小铜球；每个龙头下面各蹲着一只张口望天的铜蟾蜍。哪个方向发生了地震，中间的铜柱就会朝哪个方向摆去，牵动横杆把龙头提起，这时龙嘴张开，铜球就会自动落到下面蟾蜍的嘴里，人们就知道哪个方向发生地震了。

第二年的四月，值班人员听到"当"的一声，看见有只蟾蜍的嘴里衔着铜球。这一天洛阳城里果然感觉到轻微的地震，时间相符。

公元138年2月的一天，地动仪西北角的龙嘴里又吐出了铜球，但是洛阳城里丝毫没感到地震，人们以为这地动仪不灵了。

不料过了几天有人骑马来报告说，陇西一带发生了大地震，时间正好是铜球下落的时间。因为两地相距远，洛阳的人感觉不到，而地动仪却测出来了！

这台中国最早的能测地震方向的地动仪，也是世界上最早的测地震的科学仪器，直到一千多年后，欧洲才发明了类似的地震仪。

这位伟大的发明家张衡究竟是什么样的人呢？

张衡是河南南阳人，从小就刻苦学习，尤其爱好探究天地的秘密。十七岁时他出外游历，访师求学，曾在洛阳太学里读过书，后来先在南阳当主簿，三十二岁那年被召到洛阳任职，四年后当了太史令。

张衡对天文学一向很有兴趣，在观测天文气象时，他常常思考这些问题：天是什么形状的？地是怎么样的？日月星辰是怎样运行的？

经过他的观察研究，他断定地球是圆的，好像一个蛋黄被天包在中间，天就好比是蛋壳；月亮是借太阳的照射才反射出光来，月亮对着太阳是满月，背着太阳时就看不见。他还统计出较亮的星星有二千五百颗，这与现代天文学家统计的数字几乎相符，这在当时是相当惊人的！

公元117年，张衡根据他的"浑天说"原理，制造了一个精确的浑天仪，那是一个直径长八尺的空心大铜球，球外表刻有日月星辰和二十四个节气。他设法用水力来转动铜球，速度相当于地球自转。如此，浑天仪旋转时，刻在它上面的天象就依次表示出来，和天体上星球的运动十分相像，所以人坐在室内就可以从浑天仪上看到天体运行的情况。这是世界上第一台自动天文仪器。

张衡还把他对天文学的研究成果写了一部书，并绘制了我国第一张星图。

除此以外，张衡还曾用木头做了一只会飞的鸟，可惜它的制作方法没有流传下来。他又制作了一种测定风向的仪器——候风仪，又叫相风铜鸟，它和十二世纪才在欧洲出现的候风鸡相似；为了计算车辆行过的里程数，他又设计了"记里鼓车"，这是现代汽车里程表的前身。

小知识

主簿：一种办理文书事务的官职。

相风铜鸟：测定风向的仪器，在五丈高的竿顶上安放一只衔花的铜鸟，可以随风向转动。根据鸟转动方向，便知道风的方向。

记里鼓车：一种两层马车，上层放一鼓，鼓旁站着的两个木人，手握鼓棒；顶上挂铜钟，旁边也有两个手握钟槌的木人。每行一里，木人击鼓一次；每行十里，木人敲钟一次。因为车轮周长是一丈八尺，转一百圈就是一百八十丈，正好是一里。

张衡不但是位杰出的科学家，也是位多才多艺的文学艺术家。他曾用十年时间写成和修改了"二京赋"两篇文学作品，他画的画也很出色，被誉为东汉四大名画家之一。

你或许要问，张衡为什么能取得这么伟大的成就？这完全是因为张衡具有虚心好学、认真钻研的治学态度。虽然他年纪轻轻就已是一个学识渊博的学者，但他一点也不骄傲，仍然虚心向别人学习；为了继续求学，他还几次推辞了做官的机会。他常对别人说："一个人不愁自己地位不高，而是应当担心自己的道德品质不够高尚；一个人也不愁自己得到的报酬太少，而是应当担心自己的学问知识不够广博。"所以他孜孜不倦地追求学问，永不满足。他的钻研精神极强，为了解决一个问题，制造一种仪器，他常常可以一连几天不间断地工作，直到成功为止。所以他如此博学多才，成果累累，完全是艰苦学习和努力实践的结果。

为了表彰张衡在天文学方面的贡献，国际天文学会以他的名字命名月球上的一座环形山，中国紫金山天文台也将发现的一颗小行星命名为"张衡"。人们将世世代代记住张衡这个名字。

小
知
识

二京赋：张衡写的两篇文学作品《西京赋》和《东京赋》的总称，描写当时长安和洛阳的繁荣、王公贵族的骄奢淫逸生活，据说他反复修改，共花了十年工夫写成。

环形山：分布在月球表面的圆口山，环形山一般以著名学者和科学家的名字命名。月球背面共有五座环形山是以中国古代科学家的名字来命名的，他们是战国时的石申、东汉的张衡、南北朝的祖冲之、元朝的郭守敬、明朝的万户。

大事表

秦朝	
公元前207年 （秦二世三年）	刘邦入咸阳，约法三章，秦朝亡
西汉	
公元前206年 （汉高祖元年）	项羽杀子婴，自立为西楚霸王，刘邦为汉王，楚汉相峙开始 匈奴单于冒顿统一北方各游牧民族
公元前202年 （汉高祖五年）	垓下之战，项羽败死乌江，楚汉战争结束。刘邦即帝位，建立西汉，建都长安
公元前188年 （汉惠帝七年）	惠帝死，少帝即位，吕后掌权
公元前179年 （汉文帝元年）	吕后死，文帝即位
公元前156年 （汉景帝元年）	景帝即位

公元前154年 （汉景帝三年）	吴楚七国之乱，为太尉周亚夫所平
公元前140年 （汉武帝建元元年）	景帝死，汉武帝刘彻即位，罢黜百家，独尊儒术
公元前138年 （汉武帝建元三年）	张骞第一次出使西域
公元前127年 （汉武帝元朔二年）	卫青伐匈奴，夺回河南地
公元前121年 （汉武帝元狩二年）	霍去病伐匈奴，夺回河西地
公元前119年 （汉武帝元狩四年）	卫青、霍去病合力打败匈奴主力，匈奴退至大沙漠西北 实行盐官营
公元前113年 （汉武帝元鼎四年）	实行货币专铸，统一使用五铢钱
公元前111年 （汉武帝元鼎六年）	南方越族和西南各族地区设郡
公元前109年 （汉武帝元封二年）	治理黄河
公元前106年 （汉武帝元封五年）	全国分设十三州刺史部
公元前104年 （汉武帝太初元年）	司马迁作《史记》，约公元前91年完成

公元前100年 （汉武帝天汉元年）	苏武被匈奴所拘
公元前89年 （汉武帝征和四年）	搜粟都尉赵过实行代田法，推广牛耕
公元前60年 （汉宣帝神爵二年）	设立西域都护府
公元前51年 （汉宣帝甘露三年）	匈奴呼韩邪单于归附汉朝
公元前33年 （汉元帝竟宁元年）	王昭君嫁与呼韩邪单于
新朝	
公元8年 （孺子婴初始元年）	王莽代汉，建立新朝
公元9年 （王莽始建国元年）	王莽改制
公元17年（王莽天凤四年）	绿林农民起义
公元18年（王莽天凤五年）	山东赤眉军起义
公元23年 （汉刘玄更始元年）	绿林军拥立刘玄称帝，年号更始，在位三年 昆阳大战，王莽被杀
公元24年 （汉刘玄始更二年）	绿林军入长安，新朝亡

东汉	
公元25年（刘盆子建世元年、汉光武帝建武元年）	赤眉军立刘盆子为帝，在位三年。攻占长安，杀刘玄 刘秀重建汉朝，定都洛阳，为光武帝，东汉开始
公元48年（汉光武帝建武二十四年）	匈奴分裂成南北二部，南匈奴附汉，北匈奴部分人畜西迁
公元67年（汉明帝永平十年）	天竺两沙门随汉使到洛阳传布佛教
公元69年（汉明帝永平十二年）	治黄河，修汴渠
公元75年（汉明帝永平十八年）	大将军窦固伐匈奴。班超出使西域，后任西域都护
公元105年（汉和帝元兴元年）	蔡伦改进造纸技术成功
公元132年（汉顺帝阳嘉元年）	张衡发明地动仪
公元166年（汉桓帝延熹九年）	党锢之祸开始
公元170—188年（汉灵帝建宁三年至中平五年）	张角"太平道"盛行
公元184年（汉灵帝中平元年）	张角领导黄巾农民大起义